FAMILY PLANETARIUM

家族プラネタリウム

出会いとつながりのセラピー

ファミリーセラピスト
早樫一男
Kazuo Hayakashi

天理教道友社

家族プラネタリウム

目 次

第3章「家族と子どもの物語」家族・子どもに関するエピソードを中心に　88

番外編「うつをめぐって」

第2部

プロローグ

私が心理臨床の世界に入り、いまに至るまでには、さまざまな不思議な巡り合わせが重なっています。

いまの若い人たちのように、カウンセリングの世界に入ることを高校や大学時代から目指していたわけではありません。大学を選択する際、理数系、特に数学がまったくできなかったため、消去方式で選んだのが心理学科だったのです。さらに、大学時代は「天理教学生会」の活動に没頭しました。当時は「就活」という言葉がなかった時代ですが、卒業後の就職のことはまったく頭にありませんでした。なんとかなるさ、といった安易な考えがあったのだと思います。そして卒業時に選んだのは、所属教会（彌榮《やさかえ》分教会）での青年づとめ（住み込み生活）でした。

その三年間を終え、真剣に（？）自分の将来について考え始めました。そのとき、いくつかの理由から精神科看護師への道が浮かびました。ある人に病院を紹介していただいたのですが、結果は不採用でした。

その後、就職先を探していたとき、これまた不思議な巡り合わせでたどり着いたのが、職員補充のための採用試験でした。一九七七年（昭和五十二年）五月二十五日が児童相談所の勤務の始まりです。児童相談所勤務によって、心理臨床の世界に入ることになったのです。

振り返ってみると、中学・高校時代から大学に至るなかでも、小さな不思議な巡り合わせや、多くの人たちとの出会いがありました。

ところで、児童相談所勤務が大きな不思議な巡り合わせの始まりだとすれば、次の大きな不思議な巡り合わせは「家族」について学んだことです。

きっかけは、一九八五年四月から二年間、京都国際社会福祉センター（京都市伏《ふし》見《み》区）の「家族療法専門課程」を受講したことです。時間帯は毎週火曜日の午後六時半から十時までで、通常の勤務後の受講となります。当時、二歳になる長男とお腹《なか》の子の出産を控えた妻には、経済的（年間十万円の受講料）負担をはじめ、毎週のことですから、さまざまな負担をかけることになりました（さらに当時、児童相談所では児童を一時保護した際の宿直勤務がありましたので、朝方出勤したら、次の日の夜まで帰らないということもたびたびでした）。受講する研修がどのような内容か分からないまま、快くＯＫしてくれた妻には本当に感謝です。

受講の誘いは、当時の児童相談所の先輩からの声かけでした。そこにも不思議な巡り合わせがありました。また、京都国際社会福祉センターが、当時住んでいた職員住宅から歩いて二、三分の所にあるというのもラッキーでした。

「家族」のことを勉強し始めると、東京での研修や海外講師によるワークショップ、日本家族研究・家族療法学会への入会や、学会発表などへ積極的に参加するようになり、知人が増えていきました。さらに、全国の児童相談所で働くメンバーとの交流にもつながりました。

家族療法を学び始めた当時、まったく予想できなかった人々との交流の広がりは、いまも続いています。ここにも不思議な巡り合わせを感じます。

福祉相談機関での経歴は児童相談所に始まり、知的障害者更生相談所、身体障害者更生相談所へと移り、そして、あらためて児童相談所に戻り、その後、児童自立支援施設へ異動しました。さらにはもう一度、児童相談所に戻ることになりました。家族への視点、家族アプローチは、どの分野においても非常に役立つものでした。それだけに、家族を学び始めたこと、家族とのさまざまな巡り合わせには、とても不思議な力を感じています。


さらに不思議な巡り合わせが、本書の発刊です。『天理時報特別号』(人間いきいき通信)に連載していた内容を中心にして——ということで、発刊企画の話を頂きました。これまで共著は数冊ありますが、単著は初めてなので驚きましたが、これも何かの巡り合わせと思い、チャレンジすることにしました。

おかげさまで『天理時報特別号』に連載を始めて六年目に入ります。回数も七十回を数えることになりました。

連載を始めたきっかけは一本の電話からでした。編集担当者から「ご相談があるのですが」と声を掛けられ、お会いしたところ、いきなり原稿を依頼されたのです。いままで「できるかどうかは分からないけれど、依頼されたことは極力断らないことにしていたので、引き受けることにしました。気軽に引き受けたため、「いつまで」といった期限は特に確認しませんでした。いつまで続くか分かりませんが、担当者から「もうこのあたりで……」と言われるまでは続けようと思っています。

これまでの人生、強い主義や主張といったものとは無関係で、流れるままであったと自分では思っています。

しかし、人生におけるさまざまな出会いや巡り合わせは、人間業《わざ》でできるものではありません。出会いや巡り合わせは神様の世界であり、神様の不思議なお働きであると信じています。「成ってくるのが天の理」というお言葉の奥深さを、身に染みて感じています。

今日に至るまでのさまざまな出会い、不思議な巡り合わせ、そして、支えていただいた皆さまに、あらためて感謝を申し上げます。

本書の内容は三部構成としました。

第一部は「カウンセリングほっとナビ」(『天理時報特別号』に掲載したNo.41まで)を中心に、あらためて筆を加えてまとめ直したものです。一つひとつのエピソードは短編ですので、どこからでも気軽に読んでいただけるのではないかと思います。

なお、登場人物はすべて仮名です。また内容については、プライバシー等への配慮から再構成しています。

第二部は「お道の家族カウンセリング」として、これまでの経験をまとめてみました。「家族」に関心が向いている今日、少しでもおたすけの道しるべになればとの思いから、これまで大切にしてきたことを私論（試論）としてまとめたものです。「お道の家族カウンセリング」という学問があるわけではありません。また三十数年の相談現場での経験、家族臨床経験をもとにしていますので、決して学問的に整理できているわけでもありません。もちろん、難しい内容でもありません。おたすけに携わる方々には、ぜひ目を通していただきたいという願いを込めて、チャレンジしたものです。

あえて言うなら、「カウンセリング」という言葉については、実はピタッときているわけではありません。ほかにふさわしい言葉がなかったから、というのが正直なところです。家族へのアプローチ（かどめ）というイメージで理解してください。天理教ならではの心だすけ、家族へのおたすけの実践と研究が少しでも発展することを願って、あえて「お道の家族カウンセリング」としたものです。

第二部の最後に、ジェノグラム（ファミリー・ツリー）というツール（道具）について紹介しています。これからのおたすけ場面などでは、ぜひ使っていただきたいと願っています。

第三部では、私の育った家族を振り返ってみることにしました。

家族の勉強を始めたことをきっかけに、自分自身が育った家族について考える機会がたくさんありました。さまざまな家族に出会いながら、育った家族、そのなかで育った自分自身、そして、いまの家族についての興味と関心が向いたのです。

家族との相談場面では、自分自身の課題やパターンが良くも悪くも反映します。ですから、自分のこと（自分の育った家族、家族のなかの自分）をよく知っておくことは、とても大切なのです。それは「人をたすけて、わが身たすかる」という世界に通じることなのかもしれません。

ところで、このような思いは、援助者が自身の家族と自分自身を振り返るという自己覚知《かくち》のプログラム（ワークショップ）を、前述の京都国際社会福祉センターにおいて担当することにつながりました。私が育った家庭が、話題に事欠かない家庭であったことに感謝です。

なお、夏の「こどもおぢばがえり」の「こどもミュージカル劇場」のために作詞・作曲した歌を挿入しています。音楽との不思議な出合いも、この機会に紹介することにしました。

音楽との出合いは中学二年生にさかのぼります。それまではまったく無縁だったのですが、転任して来《こ》られた音楽教師の教え方がうまかったのか、リズムが分かるようになり、音符が読めるようになったのです。何事もそうだと思いますが、その後は、「分かると楽しくなる」という法則に乗ることにしました。

中学三年生の時には、なぜか合唱部のエキストラに引っ張り込まれ、京都会館でデビュー？　与えられた役割はシンデレラの兵隊役でした。

楽譜が分かると、下手《へた》なりにギターやフルートをかじるようになり、作曲のまねごとをするようになったのです（ちなみに、どの楽器も満足に演奏できません）。

高校入学後は合唱部に入りました。ここでも、不思議な巡り合わせがありました。現在、ニューヨークで活躍している品川満理子《しながわまりこ》さん（旧姓）と出会うことになったのです。

また、当時発足したばかりの京都教区合唱団にも関《かか》わることになり、その後の教内のさまざまな活動につながり、いろいろな人との出会いも増えていきました。

さらに、当時の合唱団団長である河村直治《かわむらなおはる》先生（西陣《にしじん》大教会部属榮大《えいだい》分教会長）との巡り合わせを通して、学生時代に夏の「こどもおぢばがえり」の「こどもミュージカル劇場」の脚本づくりや作曲をさせていただくことにもつながりました。

こうして、これまでの人生で得た人とのつながりをはじめとするすべての経験が、お道のカウンセラーとしての私を育ててくださった元になっていると思うのです。

それでは、家族カウンセリングの世界へご案内します。

第Ⅰ部

カウンセリングほっとナビ

第1章 「家族が語る物語」——家族との初回面接のエピソードを中心に

カウンセラーと家族の双方にとって、最初の出会いとなる初回面接は、いつも緊張感に満ちあふれています。

ところで、初回面接は家族が語る物語から始まります。

「問題は何か？（問題は何だと思っているか？）」
「誰《だれ》が問題か？（誰が問題だと思っているか？）」
「これまで解決しようとしてやったことは、どのようなことか？」等々。

カウンセラーの最初の仕事は、家族が語る物語に沿うことです。できる限り家族に合わせるのです。家族の物語に沿い、家族に合わせながら、必要なところでは、家族を理解するための質問も投げかけなければなりません。

一般的には、面接の終わりに「相談に来て良かった」と思ってもらえることが必要でしょう。「相談に来て良かった」と思っていただけるような「知恵と技」を、カウンセラーは身に付けておくことが大切なのですが……。

第一章では、最初の出会い（初回面接）を中心に、「家族が語る物語」として印象に残ったケースを紹介します。

その1　虐待の世代間連鎖

児童虐待の増加傾向が続いています。なぜ、このようなことが起こるのでしょう。虐待報道に関連して、「世代間連鎖」という言葉が使われることがあります。確かに、世代を超えての繰り返しは見られるのですが、そこから抜け出す道もあるはずです。虐待問題の解決のヒントは、家族として巡り合ったことに感謝することではないでしょうか。

子育て相談でのひとコマです。

「就学前の子どものことなんですが、ちょっとしたことで、つい手が出てしまいます。実は、私自身、親から虐待を受けて育ちました。虐待を受けて育つと連鎖するって聞いたことがあります。私もそうじゃないかと不安で……」

お母さんは、とても思い詰めた様子です。

「今日《きょう》は勇気をもって、よく相談に来《こ》られましたね。お会いできて良かったです。確かに、児童虐待ケースのなかには、親御さん自身が子どものころに虐待を受けていたというケースがあります。『虐待の世代間連鎖』といわれています。世代間連鎖の割合は、統計的な数値で公表されることもありますね」

「やっぱり、虐待って連鎖するんですね……」

「虐待を繰り返すのではないかと心配されているんですね。確かに、世代間連鎖が見られる事例はあります。しかし、あなたの場合も必ずそうなると決まっているわけではありません。統計的な数値は魔法みたいなもので、そうならないほうに目を向けてもいいのですよ」

「じゃあ、私はどうすれば……」

「親から虐待を受けていたということを、ご主人はご存じですか？」

「話したことはありません。夫の小さなころのこともあまり知りませんし……」

「お互いの子ども時代について、夫婦で話し合ってみてはいかがですか？　良かったことやうれしかったこと、つらかったことや悲しかったことの両方を話してみてください。それから、お子さんとは良い関係のときを大切にしてください。もちろん、何か困ったことがあれば、またお越しください」

子育ての不安を強く抱いていると、虐待の「世代間連鎖」という言葉の落とし穴にはまりやすくなります。それを救ってくれるのは、夫婦の意思疎通と協力態勢（チームワーク）です。夫婦・親子として巡り合った不思議さに感謝できれば、未来は変わります。

もちろん、周囲から孤立しないように心がけることも、忘れないようにしたいものです。

その2 体を育てる

四年に一度開催されるオリンピック。その都度、選手のひたむきさには感銘を受けます。感動的な場面では清々《すがすが》しい気分になります。また、競技に臨む選手の姿勢を通して、しっかりと目標を持てば生き方が変わったり、自信につながったりすることも教えられました。それほど、心の持ち方と体の動きは密接につながっていると言えるでしょう。

秋になると、保育園・幼稚園や学校などで、運動会や体育祭といったスポーツ活動が盛んに行われます。最近は秋に限らず、年中通えるスポーツ教室やスイミングスクールなども盛んになっています。

子どもたちが一生懸命に走っている姿は、いつ見ても微笑《ほほえ》ましいものです。一方、近ごろは、ぎこちない走り方をする子どもたちを見ることも多くなったように思います。

小学一年生の太郎《たろう》君（仮名）についての相談の趣旨は「学校で落ち着きがない。持続力や集中力を何とか付けさせたい」というものでした。

確かに、面接場面でも落ち着きに欠け、足をバタバタさせたり、手遊びを頻繁に繰り返したりしていました。初回の面接なので緊張していたのかもしれませんが、

母親と担当者の話に横から割り込み、邪魔をするということもたびたび見られました。

そこで、太郎君に鉛筆と紙を渡しました。するると、非常に不器用な鉛筆の持ち方をする太郎君の姿が目に留まったのです。

あらためて彼の体の機能に関するエピソードを確認したところ、落ち着きに欠けるので子ども用自転車はまだ与えていないこと、縄跳びが苦手なことなど、運動機能の未熟さが浮かび上がりました。

太郎君と母親に出した課題は、体に関することでした。

心を育てることを期待していた母親にとっては

予想外だったようです。しかし、心の機能と体の機能はとても密接に関連していること、体を通した具体的な取り組みのほうが分かりやすいことなどを説明すると、母親は納得してくれました。必ず褒《ほ》めること、そして、父親にも協力してもらうことを追加でお願いしました。

たとえば、縄跳びという行為を分解してみると、手の動き（回す）と全身の動き（上下に跳ぶ）、さらには縄の動きを追いかけたりイメージしたりすることなど、さまざまな心身の動きや能力が必要なのです。

体というものは一つひとつ異なる動きをしながら、同時に、全体が統合的に機能しています。また、そのために注意を集中しているのです。

子どもの心にだけ注目するのではなく、運動機能にも注目して、子どもの体を育てることも忘れないようにしましょう。具体的なこと、苦手なことができるようになると、成果も分かりやすく、自信につながっていきます。

体が育つことによって、心も育っていくのです。

その3

祖父母への提言

日本人の二〇〇九年の平均寿命は男性七十九・五九歳、女性八十六・四四歳で、四年連続で記録を更新したと報じられました。「少子高齢社会」といわれて久しくなりますが、長寿社会に突入するなかで、若くて元気な祖父母も増えています。

祖父母は、子育て中の若い夫婦に対する上手《じょうず》な応援団になっていますか？ 若夫婦や孫との距離が近づきすぎていないか、見直してみませんか？

一人っ子の一郎《いちろう》君（仮名）は、自宅からバスや電車を利用して私立の小学校へ通っています。

「入学当初は、毎日の通学にとても疲れていました。二年生になってからは、ずいぶん慣れたようです」とお母さん。

「しかし……」とお父さん。「家では問題ないのですが、学校ではいたずらを繰り返したり、友達や先生とのトラブルが頻繁に起きたりして、落ち着かない様子です。先生から、どこかに相談されたらと言われまして……」

「一郎君が解決したいことは、どんなことか教えてくれる？」

両親の間でおとなしく挟《はさ》まっている一郎君に問いかけてみました。

彼からは「おじいちゃんやおばあちゃんがうるさい。細かいことを繰り返し言うし……」と意外な答えが返ってきました。

実は、お父さんも一人っ子とのこと。そして、父方の祖父母宅はスープの冷めない距離にあり、しかも祖父母宅の前のバス停を一郎君は利用していたのです。

「毎朝、おじいちゃんかおばあちゃんがバスに乗る時間をチェックするんや！」と一郎君。

「バスに乗る時間に少しでも遅れると、『前の晩は遅くまで起きていたんだろう』

『夕食が遅かったんだろう』と、その日の夕方には、おじいちゃん、おばあちゃんがうちに来て、夕食が終わるまで監視するんです。『ちょっとは控えてください』と何度かお願いしたんですが、分かってもらえなくて……。初孫が可愛《かわい》いというのは分かりますが、度が過ぎているというか……」。お母さんは積もり積もった思いを語り始めました。

よく似たケースは、世の中にいろいろあります。

息子には任せておけないと、若夫婦の離婚調停に同行する母親。「困ったら、いつでも戻ってきたらいいよ」と喜んで迎える両親。毎日の出来事を長電話してくる息子と、それを受け入れる実家の母親等々。若夫婦への適切な援助のあり方はどうなのかと思わせる出来事が増えてきました。

時間に余裕のあるのが、六十代以降の親世代かもしれません。だからといって、子どもとの距離がいつまでも近すぎるのは問題です。若い夫婦や若い親が育つには、知恵と工夫と時間が必要です。

祖父母、親、子ども、それぞれの世代の間には、目に見えない境界線があります。その境界線を破って侵入することはルール違反です。祖父母世代には、時には広い心をもって、上手に距離を置く接し方を大切にしてもらいたいと感じた面接でした。

その4　ステップファミリー

ステップファミリーとは、夫婦のどちらか一方、あるいは両方が子連れで結婚・再婚してできた家族のことです。離婚率の上昇は、子育て期の夫婦も例外ではありません。現代家族の課題の一つかもしれません。義理の関係をどのように築いていくかは、ステップファミリーの親子にとって、とても大きな悩みになります。解決のヒントは、義理の関係になる子どもたちを包み込む、強い夫婦力かもしれません。

冬子《ふゆこ》さん（仮名）が離婚したのは、娘の佳子《よしこ》さん（仮名）が三歳のころでした。紆余曲折《うよきょくせつ》を経て、佳子さんの小学校入学前に再婚しました。再婚が夫婦にとっての最初のハードルとすれば、次のハードルは夫婦間の子どものことでした。二人の間に生まれた実子と佳子さんとの新たな関係も生じるので、複雑に絡み合う家族になりはしないかと気にかけたのです。

子どもを連れた者同士の再婚の場合、新しい（義理の）親やきょうだいとの関係づくりは大きな課題になります。子どもと親の双方が、それぞれストレスを感じても不思議ではありません。焦らずに時間をかけ、ゆっくりと関係を温めていくことが必要です。「最初からうまくいくなんて難しいかも……」と思うほうが、お互い力まずに済み、良い関係を育てることになるかもしれません。

弟が生まれたのは佳子さんが九歳の時です。佳子さんは新しい命の誕生をとても楽しみにしていたようです。その姿を見て、夫婦は大変喜びました。子どもに対して分け隔てのない愛情を注ぎたいという親の思いと、「きょうだい」として仲良くしてもらいたいという気持ちを、何とか名前に反映できないかと夫婦は熟慮を重ねました。

命名は家族によっていろいろですが、そのエピソードを通して家族の思いなどをうかがい知ることができます。

夫婦が相談した結果、弟の名前に「佑」の一字を入れました。娘は「佳子」ですので、二人の共通する漢字を選ぶことにしたのです。二人に共通するのは「イ（にんべん）」です。

親としては、子どもたちに対する思いを、ささやかな工夫で表したかったのです。ステップファミリー（義理の関係の家族）は、スタートの時点からさまざまなストレスを抱えることになります。それを乗り越えるには、夫婦の心が一つになり、子どもに対して分け隔てなく接するという思いが大切でしょう。

強い夫婦力で、与えられた子どもたちを温かく包み込み、育ててもらいたいとエールを送りました。

がんばれ、ステップファミリー！

その5 子どもの問題行動には……

子どもが成長していく途中には、さまざまなことが起こります。たとえば、突然、不登校になったり、非行を繰り返したりするといった行動です。大人からすれば、問題行動と思われがちな行動の背景には、家庭のなかのひずみから影響を受けていると思われることもあります。

「うちの子が、どうしてこんなことを……」と子どもを責める前に、親としてのあり方がどうだったのか振り返ってみましょう。

子どもの問題行動は、親にとってはピンチかもしれませんが、変化のチャンスなのかもしれません。

小学三年生の春子《はるこ》さん（仮名）は半年くらい前から突然、不登校になりました。家族は父方の祖父母、両親、兄、そして春子さんの六人です。祖父母との同居は、春子さんが生まれたころから始まりました。

不登校になったものの、家庭での様子はこれまでと変わっていません。朝は普段通りに起床するなど元気で、家族との会話も、これまでと変わらず普通です。

春子さんのことを心配した母親は早速、自ら相談機関を探し出し、熱心に通い始めました。春子さんを連れて相談に訪れる母親からは、「春子はとても楽しそうだ」という報告がありました。

中学二年生の夏夫《なつお》君（仮名）。家族は両親、姉、夏夫君の四人。中学に入学してから急に、夜遊びや喫煙、対教師暴力などが始まり、両親は学校や警察に呼び出されるようになりました。呼び出しのたびに、両親は「夏夫が悪い、この子の問題さえなければ……。こんなことを繰り返すようでは、どこかへ預けたい」としきりに訴えています。

夏夫君は「小さいころから両親のけんかが絶えず、姉と僕は夫婦げんかの仲裁《ちゅうさい》をよくした」とポツンと語ったことがあります

春子さんや夏夫君のみに焦点を当てて考えると、「不登校児」「非行児」といった見方になり、〝問題を起こしている子ども〟ということになります。しかし、家族というなかに、春子さんや夏夫君を置いて考えてみると、まったく違った見方になります。

春子さんの不登校は、母親に堂々と外出するきっかけと理由を与えています。春子さんの相談のための母親の外出は、父方の祖父母と同居する息苦しさから抜け出す絶好の機会になっているのです。

夏夫君は、問題行動を起こすことで、両親（夫婦）の葛藤《かっとう》が決定的にならないよ

うな、あるいは繰り返さないような役割を果たしています。両親が夏夫君の問題に絡み、呼び出しなどで奔走している間、夫婦げんかは棚上げになるからです。

問題とされている子どもだけに焦点を絞るのではなく、家族のなかに子どもを置いて考えてみると、その子が家族のなかで引き受けている（引き受けざるを得ない）役割が見えるようになります。家族思い、親思いの子どもであればあるほど、その子なりに無意識の行動を取ることがあるのです。

子どもの起こす行動を「問題」と決めつける前に、少し違った角度から見直してみませんか？

その6　自家金品の持ち出し

〝青少年の非行〟とひと言で表現することがありますが、犯罪行為、触法行為、虞犯《ぐはん》行為に分かれています。犯罪少年というのは十四歳以上二十歳未満で犯罪行為をした少年、触法少年というのは十四歳未満で刑罰法令に触れる行為をした少年、虞犯少年とは二十歳未満で将来、罪を犯し、または刑罰法令に触れる行為をするおそれがある少年のことです。

ところで、子どもの初めての非行（反社会的行動）は、十二歳から十四歳ごろが最も多いといわれています。その背景には、中学生になり、交友関係の広がりや思春期特有の不安定な心理が影響しています。拡散した行動の前に、兆しが見え隠れする場合もあります。

花子《はなこ》さん（仮名）は中学一年生。家族は銀行員の父親、元保育士の母親、二歳年上の姉と花子さんの四人。これまで大きな問題はありませんでした。

ところが、中学入学後間もなく、スーパーで万引をしました。友達と化粧品などをカバンに入れたところを警備員に見つかったのです。連絡を受け、慌てて迎えに行くタクシーのなかで、母親は「まさか？　どうして？」と何度も自問したといいます。「今回は警察沙汰《ざた》にはしませんが、二度とこのようなことがないように！」と、親子ともども、繰り返し厳しく注意されました。

母親から相談があったのは、それから数日後でした。相談のきっかけは、花子さんが小学四年生のころ、母親の財布から何度かお金を持ち出したことを思い出したからでした。

「金品の持ち出しは、父親が厳しく叱《しか》ったので収まりました。今回万引した物は、どうしても必要な物ではありません。心が満たされていないのでしょうか？」

「とても大切なところに気づかれましたね。その当時のことを、もう少し教えてください」

「私の財布から何度かお金を持ち出していたそのころ、姉の中学受験や義父母の介護のことなどで私自身が落ち着かず、バタバタしていて、しばらくしてから気がついたのです」

「それに、花子はおとなしい子で、姉を押しのけて自分のほうから親に話をするタイプではありません。私もつい、姉のほうに関心が向いてしまいます。いま思うと、親の関心を自分に向けたかったのかもしれませんね」

小学校時代に初発する自家金品の持ち出しの多くは、「お金が欲しい」というより、「親の財布＝親のふところ＝親の心（愛情・関心）」が欲しいゆえの行動と考えることができます。

思い当たるふしがあったのか、母親は「花子との関《かか》わり方を工夫してみます」と語りました。その顔からは、不安げな色が消えていました。

なお、こうした問題の背景にいじめがあり、金品を要求されていることも稀《まれ》にあります。そのような場合でも、子どもの問題行動は子どもからのSOSなのです。

そのSOSを、親がしっかり受けとめる機会を逃さないようにしたいものです。

その７

緘黙の背景

家ではよく話すのに、外ではほとんど話さない子どもと出会ったことが何度かあります。話すことを強要しても、それ自体が無理な働きかけです。心の深い部分に何があるのでしょうか？

子どもの行為に意味のないものはありません。そこで大切なのは、心の敏感な部分にふれる力、理解しようとする力なのかもしれません。

「中一の娘のことで相談したいのですが……」と申し出があったのは、九月に入ってすぐのことでした。

お母さんの話によると、小学六年生のころから不登校気味とのこと。中学入学後はパッタリと行かなくなり、しばらく様子を見ていたものの、二学期になっても、まったく登校する気配がないので、学校から相談を勧められたということでした。

「家ではよくしゃべる娘《こ》なのですが、外へ出ると、ひと言もしゃべらないんです」

「小学校では六年間、声を聞いたことがないと先生に言われたことがあります」

「相談に連れてきても、話をするかどうか……」

不登校の訴えで相談が始まりましたが、実は「緘黙《かんもく》」といわれる状態がベースにあると思われました。

これまで数人ですが、このような特徴の子に出会った経験があります。

家ではよくしゃべるのに、外へ出るとまったく話さない状態を、「場面緘黙」「選択性緘黙」と呼ぶことがあります。家では普段と変わらずしゃべっているので、親としては問題に思わなくて当然です。もちろん困ることもありませんから、学校から指摘を受けて、ようやく親も気にする場合が多いようです。

お母さんと一緒にやって来た女の子は、担当者に対してまったく声を発しませんでした。そこで、「お母さんと一緒に家族の絵を描いてください」と提案してみまし

た。しばらく席を外し、部屋に戻ると、彼女がほとんど一人で描いた「家族の絵」が完成していました。

こたつで横になり、イビキをかいている父親。くわえタバコの母親。こたつの上にあるミカンに視線を投げかけている兄と妹と本人。

家族五人の様子が生き生きと描かれていました。

緘黙の原因はさまざま。また、緘黙を背景とする行動もいろいろ。自ら話さなくても、心を閉ざしているわけではありません。むしろ、周りの動きを大変よく見ていたり、よく聞いていたりするものです。「家族の絵」を見ていると、子どもはとても敏感に周囲の状況を察し、理解しているのだなあと、あらためて感じました。

その8 モンスターペアレント

わが子の教育に熱心なあまり、学校や教師への不満を募らせることはありませんか？　一時期、「モンスターペアレント」という言葉が流行《はや》りましたが、「ヘリコプターペアレント」（アメリカで過保護、過干渉の親を指す語）という言葉もあるそうです。いつの時代もわが子のことは気になるものですが、親の思いの表現の仕方が、時代によって移り変わってきているのでしょう。子どもの様子に一喜一憂せず、親自身がじっくりと安定できればいいのですが……。

たとえば、子どもが生まれた日の喜び、その後の成長の過程を思い出してみてはいかがですか？　穏やかな気持ちになれれば、子どもへの見方が変わり、子どもの成長を見守ることができるかもしれません。

親への反抗がひどくなった娘さんのことで、相談にやって来たお母さん。

「中学生になってから携帯電話は使い放題、急に言葉づかいも乱暴になり、親に向かって反抗するようになりました。娘の顔を見ていたら、ムカムカしてきます」

学校での様子を尋ねると、校則違反や授業からのエスケープなどが連日続いているとのこと。その一方で、娘さんは遅刻しないよう登校しているにもかかわらず、娘さんのちょっとした言動をとらえて、娘さんが授業に参加することを拒む学校側の対応にも強い不満があるようでした。

「モンスターペアレントと呼ばれる親の気持ち、理解できますわ！」

「主人に相談すると、そのうち収まるだろうと私の話など聞いてくれません。それどころか、おまえの育て方が悪かったからだと私を責めるのです。最近は娘のことを話題にすると、すぐにけんかになってしまいます」とお母さん。

夫婦の微妙な関係も感じられました。

「中三の姉は、とてもよくできた親思いの子なので、何も心配はありません。でも妹のほうは、中学受験に失敗したのが悪かったのか……」と、再び娘さんの話になりました。

「お母さん一人が、まさしく孤軍奮闘されているように感じますが、娘さんのことでホッとするようなことはないですか?」

「いまはそんな余裕、まったくありませんわ。子どもが小さいころは、夫婦で子どもの寝ている様子を見るのが楽しみだったのですが……。中学生になって、自分の部屋で寝るようになってから、そんな時間もありません!」

娘さんのことを細かく確認すると、夜は決まった時間までに必ず帰宅し、夕食も欠かさないようです。お母さんは、思春期に入りかけた娘のことに戸惑いを感じていますが、娘さんにとっての家庭は悪くないようでした。

そのことを伝えたら、「昔に戻って、子どもの寝顔を見ることにします」という、予想外の言葉が返ってきました。

子どもの寝顔に親が癒《い》やされたり救われたりすることって、ありますよね。

その9

子育てが終わってから……

少子高齢化の時代、夫婦二人きりの老後の生活は、平均寿命の延びとともに年々長くなってきました。一方、結婚二十年以上を経た夫婦の離婚の増加も目立っています。いわゆる〝熟年離婚〟の増加です。

子どもが自立してから、あらためて夫婦として向き合うとき、子どもは安心して、老親を眺めることができるでしょうか？　子どもの自立は、あらためて夫婦の心の結びつきを問い掛けられるきっかけになるのかもしれません。

高校三年生の娘さんの相談に来《こ》られたお母さん。これまで毎日元気に登校し、親元から遠く離れた大学への進学を希望していた娘さんが、ある日突然、学校へ行かなくなったとのことです。

家族は、父親と就職一年目の一人暮らしの兄。父親は営業関係の管理職で、夜遅くに帰宅。娘と顔を合わせない日が一週間以上というのもたびたびです。その父親も、もうすぐ定年退職を迎えます。

子どもたちが小さいころは、家族四人でよく出かけたとのこと。子どもたちが成長するにつれて、家族そろっての行動は少なくなったようですが、これは自然なことかもしれません。

「ご夫婦が一緒に行動されることは？」という問いかけに対して、「めったにありません！」と即座に答えが返ってきました。

母親の言葉に妙に力がこもっていたのが印象に残っています。

娘さんはとても気がつく子で、家族の誕生日にはプレゼントを欠かしたことがないと、お母さんは自慢げでした。

「すると、娘さんが一番家族思いなのかもしれませんね……」

突然、長い沈黙が続きました。

お母さんはその言葉に、何か思うことがあったようです。「娘は、自分たち子どもが自立した後、夫婦仲良く協力し合えるの？　大丈夫なの？　と問いかけているのかもしれませんね」と、つぶやいていました。

子育てが一段落し、子どもたちが家庭から巣立つと、あらためて夫婦二人の生活になります。少子化の現代、子育て期間は約二十五年とか。一方、子育て解放期以降の生活は二十五年から三十年。夫婦二人になる期間が、子育て期間よりも長くなったわけです。核家族で子どもがいなくなったら、否応《いやおう》なく夫婦が直接向き合うことになります。お互いに、加齢に伴うさまざまな変化も起こります。介護を要することになるかもしれません。しかし、だからこそ重要なのは、夫婦が心をそろえるよう、お互いに努力することです。

第2章「家族がつくる物語」——家族との継続面接のエピソードを中心に

一度きりで終わる面接というのは、ほとんどありません。一度の面接で終わるのが理想かもしれませんが、多くは継続面接となります。二回目以降の面接は、その後の様子の確認からスタートします。

継続面接の場合、頻度は一週間に一回から一カ月に一回まで、とさまざまです。期間は、一年程度で終結する場合が大半を占めています。

ところで、継続的な面接では、家族の語りを聴きながら、家族の具体的な暮らしぶりを理解するようにしています。

深刻だった家族に微笑《ほほえ》ましいエピソードが生まれたり、ちょっとした変化が起こったり、同じ生活の繰り返しのなかに、これまでとは違った見方が出てきたり等々、一生懸命に頑張っている家族の姿にふれて、感動することもあります。

第二章では、継続的に関《かか》わった家族のなかから、印象的なエピソードを紹介いたします。

その１　迎えてくれる人と帰る場所

子どもにとって、心が休まる場所、安心できる場所としての家庭の存在は、とても大きなものです。子どもだけでなく、大人にとっても「居場所」は大切です。

さらには、「帰る場所がある」「迎えてくれる人がいる」ということが、間違いなく心の支えになります。家へ帰っても「誰《だれ》もいない」「会話もない」「叱《しか》られてばかり」。お子さんに、そんな思いをさせていませんか? 人は誰でも、心の居場所、安らぐ場所を必要としているのです。

「どうせ、僕のことを考えている人なんて誰もいないのだから、別にどうなってもいいんです」

やっと口を開いた太郎《たろう》君(仮名)のひと言です。

太郎君は中学三年生。彼が生まれて間もなく、両親は離婚。母親は彼を祖父母に預けて働きに出ました。太郎君が一歳半のころ、母親は仕事で知り合った男性と結婚し、新しい家庭を持ちました。

一方、もともと病弱だった祖父母は養育が困難になり、太郎君を施設に預けました。その後、太郎君は、母親の面会はもとより、外泊や帰省もないまま、十数年が経過していったといいます。施設で落ち着いた生活ができない、学校や施設のルー

第２章　「家族がつくる物語」
家族との継続面接のエピソードを中心に

ルが守れないなどの訴えがあり、彼に面会したところ、最初のひと言が冒頭の言葉だったのです。

「久しぶりに実家へ里帰りをしたら、ほっとしました。元気になりました」

三年以上、不登校の状態が続いている小学生の次《じ》郎《ろう》君（仮名）のことで相談に通い始めたお母さんのひと言です。実家はずいぶん遠方にあります。結婚後、子育てに追われていたこともあり、なかなか帰る機会がなかったとのこと。今回、夏休みを利用して、家族そろってふるさとへ帰りました。実家の両親には余計な心配をさせないように、次郎君のことは特に伝えていません。お母さんにとっては、年老いた両親がとても喜んで迎え入れてくれたことが、何よりも力になったようです。「次郎のことは、これからも大変だと思いますが、心を倒さずやっていくエネルギーをもらいました」

自分のことを気に掛けてくれる人がいるというのは、年齢を問わず、とても支えになります。また、いざとなれば帰るところ（実家やふるさと）があるというのも、心を支えてくれるものです。毎日の暮らしのなかでは、「家族」や「家庭」が、その重要な役割を担っています。

「家庭」や「ふるさと」には、親や親代わりの人が待っていてくれます。そして、常に自分のことを気に掛けてくれています。だから、帰りたい気持ちになるのでしょう。帰りたい「家庭」や「ふるさと」があるだけで、その人には〝丸ごと支えられている〟という安心感があるのかもしれません。

その2　ひきこもりと家族

対人関係をうまく結べないまま自宅に引きこもる子どもたち。その実数の把《は》握《あく》は困難ですが、平成二十二年に発表された内閣府の調査によると、十五歳から三十九歳までで推計七十万人とのこと。行政やＮＰＯなど、さまざまな機関が解決に向けて動き出しています。

ひきこもりの状態そのものは多様なので、受けとめ方や抜け出す手がかりもさまざまなのですが……。急がず、焦らず、信じることが必要な場合もあるでしょう。

桜の季節が近づくと、小学二年生のころから不登校になり、その後、長期間のひきこもり状態になった剛志《つよし》君（仮名）家族のことを思い出します。

不登校になったころの剛志君は、兄弟と遊んだり、居間でテレビを見たりしていました。

ところが、小学校の卒業が近づくころになると、完全に自室に引きこもり、食事も家族が外出中や寝静まってから、台所へ出てきて一人で食べるという生活でした。

剛志君のことを通して、最初に変わる努力をしたのは父親でした。子育てと家事に追われる母親の負担を少しでも軽くしたいと、ずいぶん協力的になりました。父親は職場の上司に思いきって家庭の状況を相談しました。

しかし、そうした親の努力にもかかわらず、表面的には彼の変化はほとんど見られませんでした。

剛志君は自室で黙々と大好きなプラモデルを作っていたようで、材料や関連の雑誌が欲しくなると、自室の外にメモを置き、時折「郵送するように」と書いたメモとともに小さな包みが置いてありました。

母親からの手紙が届いたのは、剛志君が引きこもってから十年ほど経過した早春のころです。

十八歳の誕生日が過ぎたある日、突然「仕事をする」と宣言してアルバイトを始めたこと、最初の給料日には、わずかな金額だけれども父親へお礼として渡したこと、母親の誕生日に花束をプレゼントしたことなど、十八歳以降の彼の様子が、こと細かに書かれていました。

剛志君がひきこもり状態を解消した後に分かったことなのですが、プラモデル関連の会社が開催しているコンテストに、自ら制作したオリジナル作品を応募して、何度か入賞していたのです。送られてくるトロフィーは、彼にとって大切な勲章だったのでしょう。いまでも自室に大切に飾ってあるようです。

プラモデルを通して、わずかに残った社会との接点を絶やさないようにしながら、彼は自分の力をしっかりと蓄えていたものと思われます。剛志君のひきこもりは、まるで冬眠しているかのような長い時間でしたが、彼にはそれが必要だったのかもしれません。

親の懐《ふところ》の温かさと本人の蓄えた力がうまく重なったとき、社会へ出ていく気構えや、自立に向かうエネルギーが生まれるようです。母親からの手紙には、「これからも親としては大変だけれども、黙って見守っていこうと思います」と締めくくってありました。

その3
男の子の成長

親からの自立と親への依存との葛藤《かっとう》のなかにあるといわれる思春期の子どもたち。揺れ動く心の拠《よ》り所《どころ》は、やはり家族にたどり着きます。

とりわけ男の子にとって、父親の存在は大切だといわれますが、思春期の息子に対して、どのように関《かか》われればいいかと戸惑う父親が多いのも事実です。問題解決の糸口を見いだす父親の役割について考えてみました。

中学一年生の大輔《だいすけ》君（仮名）。不登校になった小学校高学年のころから、母親と相談に通い始めました。母親は毎回、大輔君の様子を事細かに報告してくれます。一方、口数の少ない大輔君と彼の担当者は、テレビゲームで一緒に遊ぶといった関わりを続けていました。

ある日、「相談の進め方について助言が欲しい」と、担当者が私のところへやって来ました。

家族の状況について確かめると、両親と大輔君、そして一人暮らしの姉がいるとのこと。そこで、父親にも呼びかけて、親子三人の合同家族面接を実施してみてはどうかと提案しました。担当者は「父親は仕事が忙しく、休むのは無理だと思います」と答えましたが、「ここはぜひ、お父さんの力をお借りしたい」と強調して伝えるようにと、重ねて助言しました。

担当者からのメッセージを母親を通して聞いた父親は、次の面接日、仕事の都合をつけて相談にやって来ました。半信半疑の担当者以上に意外に思ったのは、大輔君だったようです。

面接では、相変わらずよくしゃべる母親、緊張のためか無口な父親という様子が見られたといいます。しかし、彼のことについての思いを尋ねると、父親は一つひとつ言葉を選びながら、真剣に語り始めたのです。

一方の大輔君は、父親の思いや言葉を熱心に聞いていたそうです。

その後も三人の定期的な家族合同面接が続きました。月一回の相談日には、仕事をやりくりして必ず参加する父親の姿がありました。

この家族にとって、それまでの母親中心の対応から、父親も共に行動するといった家族全体の変化につながったのです。

また、当の大輔君にとって、家族合同面接の場は、仕事が忙しくて話す機会がほとんど持てなかった父親の存在を実感する時間となったのです。さらには、両親の和やかな関係が見られるようにも変わっていきました。

父親の参加は、大輔君をとても勇気づけたようです。

その後の面接では、放課後か夕方の時間に、三人で学校へ行ってみるといった話題が出てきたと、担当者から報告を受けました。

その4　ひきこもりから抜け出す

「社会的ひきこもり」といわれる人たちの実数は定かではありませんが、その約三割を三十代が占め、期間も十年を超える人が二割いるともいわれています。ひきこもりの状態はさまざまなので、一人ひとりに即した対応が必要となります。しかし、回復には時間がかかります。問題解決の「はじめの一歩」は、やはり家庭です。新たな決意や決心をするには、年の変わり目や年度の変わり目（節目）は絶好のチャンスかもしれません。

年の初めに、ひきこもりの子どもを抱えるご家族から、子どもさんの変化に関するお便りをいくつか頂きました。司郎君《しろう》（仮名）は思いきった選択をした、吾朗君《ごろう》（仮名）は日常生活のなかでの変化が起きつつある、といったエピソードでした。そこに至るまでの家族の苦悩を聞いていただけに、明るい兆しが感じられました。

そもそも、ひきこもりの状態から抜け出す「はじめの一歩」は、周囲の者が感じたり考えたりするより、本人の心には重くのしかかるものです。

たとえば、一つのことを決心するまでに長い時間を要します。やっと決心したものの、具体的な動きとして現れるまでには、さらに時間がかかります。

その間、家族は本人に対して、「何も考えていないのでは……」「真剣に考えているのかどうか分からない」といったマイナスの感情を強く抱いてしまいがちです。こういうときこそ、本人の苦しい気持ちに思いを巡らせ、寄り添うことが必要なのですが……。

少しでも明るい兆しを期待し、気に掛けている家族は、頭では焦ってはいけないと理解していても、毎日の子どもの姿に接していると、なかなか複雑な気持ちになります。往々にして、答えを急《せ》かしたり、決められないことを非難したりするといった対応にもなりがちです。

それだけに、司郎君、吾朗君の変化のエピソードの背景には、それぞれの家族の目に見えない踏ん張りがあったからこそと感じました。また、両親のチームワークが彼らの力になったことでしょう。

ある専門家は、「安心して引きこもることができる家庭が、ひきこもりから抜け出す〝はじめの一歩〟となる」と語っています。逆説的な表現ではありますが、安心できる家庭の存在は、疲れきった心を癒《い》やしたり、元気を回復したりする場として、やはり大切なのです。

司郎君と吾朗君にとって、これからもいろいろな出来事が待ち構えていることでしょう。家族にとっても、いろいろな波が押し寄せてくるかもしれません。しかし、まずは「はじめの一歩」を踏み出そうとした勇気にエールを送りたいと思います。

その5 夫婦力

子どもに起きる問題と家庭のあり方は、とても関連しています。なかでも、親が親としての役割を十分に果たしているかが大切になります。家庭に明るさや温《ぬく》もりが生まれるのも、夫婦の心の治め方次第なのです。子どもが見せる姿を通して、夫婦のあり方を考えてみませんか?

子どもの相談を通して、さまざまなご夫婦に会ってきました。夫婦は本当にいろいろだなあというのが率直な感想です。

子どもの相談で出会った親の多くは、夫婦関係にも課題を抱えておられます。明君《あきら》(仮名)の場合、落ち着きのなさに加え、他児への暴力行為の対応に困った学校からの相談がスタートでした。実は、学校から家庭に対して、相談機関を訪れるように勧められたことがあったようですが、「家庭では特に問題はない」と、相談そのものに消極的だったのです。

学校からの度重なる熱心な説得で、明君と共に最初に来所したのは父親でした。父親は父親なりに子どもと関《かか》わってきたようで、そのエピソードを事細かに語りました。

しかし、「お母さんは明君のことをどのように考えていますか？」といった質問には、答えることができませんでした。担当者は、父親の反応をとても不思議に感じました。

その後、ある日突然、母親が来所しました。「夫とは、どのようなやりとりだったのでしょうか？　私も息子のことは気になりますので相談には来ます。でも、夫とは別の日にしてください」と訴えたのです。

夫婦のちぐはぐさが気になったので、夫婦間のことを話題にしてみると、この数年間、二人は絶縁状態だったのです。その原因についてはお互いに承知しているが、夫婦が話し合ったり、歩み寄ったりすることはないとのこと。むしろ、家庭内ではできるだけ顔を合わさないようにしており、口を利くこともなく、用件はメモ用紙に書いて伝えるという徹底ぶりでした。

「家庭では問題がない」というのは、家庭内がこれ以上息苦しくならないようにと考えた、明君なりの振る舞いと考えることもできます。

あるいは、両親にとっては、お互いに自分のことや配偶者のことのみに関心を向け（いかにお互いの接触を回避するかなど）、子どもの些細《ささい》な言動には目を向けることができず、「問題がない」と映っていただけなのかもしれません。

その6 家族で遊ぶ

ゲーム機の進歩には目覚ましいものがあり、いまや五、六歳の子どもの約半数がコンピューターゲームで遊ぶ時代となりました。部屋で一人、ゲーム機で遊ぶより、家族と遊ぶ楽しさや、家族団欒《だんらん》の喜びを味わえる機会を積極的につくりたいものです。家族が時間や空間を共にする遊びがもたらすものを見直してみませんか？　家族で遊ぶ時間を工夫してみませんか？

「元日から、家族でトランプやカルタをするようになりまして……、楽しいものですね」

一人娘の正子《まさこ》さん（仮名）の不登校のことで相談に来ている母親は、いつものように家族の近況報告を始めました。

家族は父親、母親、祖母（母親の母）、小学五年生の正子さんの四人。正子さんの不登校のきっかけは、クラスメートとの小さなトラブルにありました。

実際の母親面接では、娘のこと以上に夫に対する不満が多く語られました。実は、何度か「離婚」を考えたとのことです。

子どもが解決に困難を感じるような問題を抱えたとき、家族（親）がもめていたり、まとまっていなかったりすれば、子どもの心の支えにはなり得ません。一人娘の正子さんに会ってみると、自分の不登校のことよりも、両親の離婚問題のほうに心を悩ませていました。

そうしたなか、お正月を迎えることになりました。そこで、母親に出した課題が「お正月休みの間、家族で何かをしてみること」でした。

「最初、夫は渋っていましたが、やり始めると、小さいころの楽しかった思い出が蘇《よみがえ》ってきたようで、笑顔で楽しんでいました」

「父親のにこやかな表情に影響されたのか、正子はイライラしなくなりました。正子のほうから、『今日《きょう》も一緒に遊ぼう』と誘ってきて、結局、二週間ほど親子のゲームは続きました」

「最初はトランプだけだったのですが、おばあちゃんも参加してカルタも始めまして……。わが家ではトランプ、カルタなどのゲームが続いています」

最近の遊びは、室内でのテレビゲームや携帯ゲームなど、コンピューターゲームが主流になっています。これらの多くは、一人だけの世界で楽しむというものです。複数の人間で行う遊びでは、時間や場所を共有するからこそ、「共に楽しむ」という喜びを味わうことができます。また、知恵や想像力も必要とされます。

お正月だけでなく、休日の夕方やちょっとした時間を見つけて、家族が一緒に遊ぶ楽しさを味わってみませんか？　家族団欒は「話をすること」だけに限りません。ちょっとした「遊び」は、家族の元気の源になりますよ。

その7　家族のなかに笑いを！

「笑う門には福来《きた》る」という諺《ことわざ》があります。明るくにこにこしている人には、自然と幸福が訪れるという意味ですが、いつも笑いのある家庭にも、自然と幸せがやって来ることは間違いありません。笑いは家族問題にも大いに効果があるようです。笑いというのは、家族円満に役立つ働きであり、家族のコミュニケーションの潤滑油と言えるかもしれません。

家族の間で起きる悲惨な事件が、たびたび報道されています。家庭内の事件では家族の一員が加害者となり、また被害者にもなってしまいます。とても悲しいことです。

いずれのケースも大なり小なり家族関係が背景にあるだけに、「家族がお互いに良い関係でやっていくには?」と考えてみたとき、以前出合った不登校ケースの最終面接を思い出しました。

その問題は、中学生の晴男《はるお》君(仮名)の不登校でした。家族全員の面接や両親の面接を一年近く続けた後、晴男君が登校を再開しました。

以下は、家族の変化を確認した最終面接のひとコマです。

父親「晴男は明るくなりました。よくしゃべり、冗談も言います。弟も元気になりました」

母親「姉もよく笑っています」

姉「家庭が明るくなった。隠し事もなくカラッとしているというか、家族がお互いに思っていることを遠慮せずに言えるようになりました」

晴男「一番変わったのは、父だと思います。冗談が通じるようになりました。いままでは冗談を言っても、本気にされて怒られていましたから」

父親「確かに一年前でしたら、家族の誰《だれ》かがちょっと言っただけでも、ずいぶんもめたと思いますが、いまはそんなことはありません」

祖母「みんな朗らかになりました。よく笑っています。それを見て、こっちまで笑いますすね」

晴男君の家族は、父親の存在感の薄さ、両親のコミュニケーション不足（母親の父親への不満)、嫁姑《しゅうとめ》の問題等々、家庭内に多くの課題を抱えていました。相談の初期には、とてもギスギスした雰囲気が漂っていました。とはいえ、両親が必ず相談にやって来たことが、家族の変化に大きく寄与したようです。

そのような努力のなかで家族に「笑い」が生まれてきました。「笑い」は「余裕」につながります。そして、良い循環につながっていきました。

面接のなかでも「笑い」を大切にしています。ちょっとしたユーモアによって、場が和む、雰囲気が和らぐといった変化は、「困難」を抱えている家族だからこそ大切なのです。

「笑いのある家族」であれば、たとえ問題が起きたとしても、きっと上手《じょうず》に解決できるに違いありません。

その8　団塊世代のお父さん

何かと話題になる団塊世代の退職。ところが、退職はしたものの、「さて、わが家に居場所は？」と深刻に悩むお父さんもいます。中年以降の親、家庭のあり方そのものが、いま問われているようです。そうした親の課題は、子どもの心にどのように映るのでしょうか？

元銀行員の秋彦《あきひこ》さん（仮名）夫妻が、二男の冬樹《ふゆき》さん（仮名）のことで相談に来《こ》られました。

冬樹さんは、希望する大学へ進学後、友達関係がつくれず、三年生の後半から下宿に閉じこもりがちになりました。心配した両親が自宅へ連れ帰り、現在に至っています。

最近では少しずつ元気になり、「アルバイトに行ってみたい」と口にするようになってきたとのこと。ちなみに自宅は二世帯住宅になっており、祖父母が健在です。

夫婦面接でひたすら話すのは、お母さんの春子《はるこ》さん（仮名）。秋彦さんは黙ってうなずくことが多く、元銀行員というイメージは浮かんできません。家庭でも、秋彦さんと冬樹さんの会話はありません。

「父親のほうが子どもに気を使っているようです。どのように声を掛けたらいいのか分からないのかもしれません」と春子さん。何を言われても秋彦さんは、横でうなずいているだけです。

五回目の面接。

春子さんの都合が悪くなり、秋彦さんだけが参加することになりました。担当者は、これまでの面接を通して父親とうまくつながることができたという実感が乏しかったので、この機会を初回面接のような思いで臨むことにしました。

担当者の予想を裏切って、秋彦さんは自分自身のことを話し始めました。特に話が集中したのは、会話がまったくない秋彦さんの父、夏夫《なつお》さん（仮名）とのこと。秋彦さんが大学生のころ、夏夫さんと衝突したことがあり、それ以来、没交渉になっているとか。

そのほかにも、五年前にリストラされて苦労したことや、再就職した職場の居心地も良くないこと等々、誰《だれ》にも話せない思いを一気に吐き出すような勢いでした。「これまでの人生は何だったのか？　と考え込むことが多くなりました。今日《きょう》は、胸にたまっていたものを思いきり吐き出すことができ、おかげですっきりしました」

秋彦さんは自分なりに、人生を一生懸命に通ってこられたのです。

しかし、プライベートにもパブリックにも、人との安定した関係が築けなかったようです。団塊世代のお父さんのなかには、安定した居場所を確保できなかったという、漠然とした不充足感や傷つき感、孤独感を抱いている方が少なからずあるかもしれません。

居場所が確保できているかどうかは、年齢を問わず、とても大切なことです。

自分の居場所を模索する冬樹さんの課題は、お父さんの課題でもあるようでした。

その9　家族力

子どもたちの無気力、ひきこもり、不登校……。これらの問題は、夫婦や親子の関係、家族のあり方と大いに関連があるといわれています。問われているのは、原因としての家族のあり方ではなく、解決に向かっていく重要な資源としての家族のあり方なのです。「いざ！」というときに、心を合わせて取り組む「家族力」が弱くなっていませんか？　問題が起こったときこそ、家族の絆《きずな》を再構築するチャンスなのです。

「ご家族で何かしているところの絵を描いてください」

親子がそろった相談場面で、このような課題を出すことがあります。

最初はクレヨンを選ぶことから始まります。すぐに手を出す子ども、最後まで手が出ないお父さん、自分が選んだクレヨンを家族に押しつけるお母さん等々、いろいろな家族に出会います。どのように選ぶのかを注意深く見ていると、家族のスタイルが不思議と分かってきます。

各自のクレヨンが決まったら、次の課題は「何を描くか？」です。

ここでは、家族のコミュニケーションが浮き彫りになります。話し合いをせずに誰《だれ》かが勝手にテーマを決め、描き始めるといった家族によく出会いました。

テーマが決まるのは、まだいいほうかもしれません。それぞれが思い思いに描く家族もあります。バラバラな家族です。子どもが勝手に決めて、親はほとんど描かないという家族もありました。

絵の上手下手《じょうずへた》の評価が目的ではありません。思いがけなく与えられた課題に対し、家族がどのように取り組むかが大切なのです。課題や問題を通して家族が心を合わせて取り組むことができれば、それが一番の「家族力」になると言えるでしょう。いざというときに家族がまとまれば、これほど力強いものはありません。

ある相談のケースでは、毎回「家族で描く絵」に取り組みました。最初は、子どもに振り回されてバラバラでした。家族のコミュニケーションや親のリーダーシップに弱さが見られたのです。

しかし、回を重ねるごとに、まとまった絵になっていきました。子どもたちも楽しそうでした。確かめると、相談日の前日には家族で「何を描くか？」を話し合ったり、話題をつくるために家族で出かけたりすることが多くなったとのことです。

家族は、ちょっとしたきっかけがあれば変化します。家族として向き合う課題や問題は、変化のきっかけとなるものです。さて、あなたの家族は「家族でどのような絵を描きますか？」。

番外編　「夏を生かす」

その1　夏の合宿体験

夏休みを利用して、何度か子どもたちの合宿を実施したことがあります。学校になじめない、落ち着きがなく授業に入れないなど、集団への適応に課題を持っている子どもたちが対象でした。

普段はプレイセラピー（言語能力の未発達な子どもが、自分の考えや感情を言葉で表現することが困難な場合に、遊びをコミュニケーションの手段として用いる治療法）や個別カウンセリング、保護者面接など、限られた室内での取り組みなので、夏休みにしかできないことを体験させようという趣旨で企画したのです。もちろん、夏休みの思い出づくりにもつながるようにという思いも込めていました。

数日間のプログラムには、食事づくり（飯盒炊《はんごうすい》さんやパンづくり）、鍾乳洞《しょうにゅうどう》探検、夜間ハイク、肝試し等々、面白そうな内容を取り入れました。ほとんどの子どもたちは、日を追うごとに、相談室では決して見ることのできない、いい表情に変わっていきました。

ところで、数日間寝食を共にし、二十四時間の付き合いをすることによって、あらためて感じたことがあります。それは、日常生活の様子を通しての子どもの理解と生活習慣の大切さです。

たとえば、朝起きてからの洗面・歯磨き・着替えといった、一連の身支度や身辺整理にまつわる動きは、一人ひとり違います。食事の作法はもちろんのこと、あいさつの有無など、普段の家庭での様子がそのまま見られました。相談室という限られた空間と時間からはうかがい知れない、子どもたちのありのままの姿を見ることができたのです。

夏の合宿は、子どもたちにとっても新鮮な体験だったようです。家から離れて泊まることができて自信を持った子どもや、普段の生活スタイルを見直すよい機会になった子どもなど、合宿後、家庭での様子や動きに小さな変化が見られたという報告が担当者の元へ届きました。

夏休みは子どもたちにとって、とても貴重な時間です。変化は二学期以降にしか現れませんが、夏休みの過ごし方が、その後に大きく影響することは間違いありません。

その2 親離れ子離れ

夏休みで思い出すのは、不登校の子どもたちとチャレンジした長距離サイクリングのことです。スタートからゴールまでの数日間、子どもたちが成長していく姿には目を見張るものがありました。

何といっても印象的なのは、出発日に集まってくる子どもたちの様子です。どの子の顔にも、とても不安そうな表情が見られます。家以外で泊まることが不安な子、食事が不安な子、知らない子同士で数日間過ごすのが不安な子……等々。

集合場所まで付き添ってきたお母さんは、「心配しなくても大丈夫よ」と優しく声を掛けるのですが、その言葉がより一層不安をかき立てるようでした。お母さんのほうが実は、子どもよりも心配なのかもしれません。子どもが親元を離れて数日間過ごすという体験は、親にとっても子離れのいい機会なのですが……。

初日は不安そうな子どもたちも、共に行動し、時間が経《た》つにつれて変わっていきます。一緒に食事をする、風呂に入る、寝るといった基本的な生活行動を通して、子どもたちはぶつかり合い、学び合い、たすけ合うようになります。仲間意識が芽生え、育っていくのです。子どもの持っている成長力に、あらためて感心することがたびたびありました。

最近は、入学後すぐに新入生合宿を実施し、友達をつくる機会を設定している高校や大学もずいぶんあるようです。対人関係をうまく結べない子どもが増えたり、遊ぶことが少なくなったりしたことへの反映かもしれません。その是非はともかく、子どもたちに対して大人ができることは、少しでも提供してやりたいものです。

友達をつくったり、友達との関係を学んだりする機会として、また子どもが育つ機会として、「寝食を共にする」時間と場所はとても大切です。

また、昔から「可愛《かわい》い子には旅をさせよ」といわれます。日常とは異なる環境に身を置くとき、子どもたちの心はおのずと成長し、それが生きる力の基礎になるのではないでしょうか。

その3 夏休みの思い出

夏休みなのに、「宿題がたくさんあるから、休みじゃないよー」と子どもの声が聞こえてきそうです。夏休み期間中、ほとんど毎日、塾通いといった子どももいます。子どもたちも大変なのです。

ところで、親の心配は毎日をどのように過ごさせるか、といった点に尽きるかもしれません。ややもすれば、夜更かしをし、夜型の生活となり、生活リズムは乱れてしまいます。そういえば、地域で朝のラジオ体操をやっているところが少なくなっているように感じます。

毎年夏が来ると、不登校の子どもたちと一緒に行った琵琶湖《びわこ》一周サイクリングを思い出します。一週間ほどの日程で、自炊やテント生活も交えながら回りました。お互いに初対面の子どもたちも、最終日になると、別れを惜しむ仲の良い友達となります。トンネルや上り坂を克服して喜びが何倍にもふくれあがった経験や、真夏の暑さや台風の余波の強風雨も、子どもたちにとっては貴重な経験になったことでしょう。

ある年の夏休みの思い出です。

当時、小学四年生の二男を連れて、琵琶湖半周サイクリングにチャレンジする計画を立てました。自転車を車に積み込み、いざ出発というとき、小学二年生の三男が「僕もついていく！」と言って譲らず、準備をして車に乗り込みました。結局、連れていくことになりました。

コースは、大津《おおつ》から琵琶湖の東側の湖岸を北上し、琵琶湖大橋を渡り、湖西を下り、大津に戻るというものです。

湖岸を吹く風は気持ちよく、流れる汗も心地よく感じ、午前中は予定通りに進みました。琵琶湖大橋の上りは大変でしたが、下りの爽快感は格別でした。

問題は昼食後の後半でした。暑さと疲れが重なり、こんなはずではなかったと思ったのか、三男が「(ゴールは) まだ？」「いつ着くの？」「疲れた」などと連発する状態になったのです。なだめすかしながら出発地点に戻ったとき、三男はもちろんのこと、親以上にホッとしたのは、何かとフォローしていた二男かもしれません。

とても暑かったのですが、いまとなっては懐かしい思い出です。

子どもの心にはどのような風景として残っているかは分かりませんが、この計画のきっかけは、前述の不登校の子どもたちと取り組んだ琵琶湖一周サイクリングでした。

一週間の日程のなかで変化する子どもたちの様子を見て、いずれはわが子と一緒に、と考えていたのです。

ところで、自転車といえば父親のことを思い出します。最初に与えられた自転車は、中古のものを父親が修理し、ペンキを塗り直したものでした。自転車に乗れるようになるまで、後ろで支えてくれた父親の印象は、いまも懐かしく蘇《よみがえ》ります。

親がしてくれたことをわが子に繰り返しているなあ、と思うことが、子育て中にはたびたびありました。

自分のレパートリーに組み込まれていることは、自然に身に付いているのでスムーズにできます。一方、そうでないことには当然、努力が必要になります。

いいレパートリーが増えることは、それだけ心が豊かになることかもしれません。子育てを通して、親は子どもに育ててもらっているのでしょうね。

第3章 「家族と子どもの物語」——家族・子どもに関するエピソードを中心に

世のなかで起こるさまざまな出来事は、どれ一つとっても、家族と無縁なものはありません。どのような形であれ、人が関《かか》わっていることの背景には、必ず家族が存在しているからです。そうした意味では、世のなかのすべてのことは、家族なくしては考えられないといっても過言ではないでしょう。

この章では、さまざまな現象や出来事を家族臨床家の立場からまとめたエピソードを、「家族を語る」として再構成しました。

あらためて言うまでもなく、世のなかの現象は、必ずしも一つの見方や理解の仕方で完結するものではありません。多様な見方、複眼的な理解が必要な場合もたくさんあります。いわば、さまざまな「語り」があって当然なのです。

この章は、「家族に関する語り」のエッセーとして味わってみてください。

その１　子どもの発達・一歳を超える

発達とは、生まれたばかりの子どもが大人に近づいていく時に見られる心や体の変化と言えるかもしれません。とりわけ一歳を超えたころから、発達は大きな転換を迎えるといわれます。

一歳は「見えない存在」に気づく年齢なのです。

五月五日は「こどもの日」です。

私事になりますが、四人の孫を与えていただいています。

わが子の時も感じたことですが、あらためて孫の成長する姿を見ていると、子どもの発達の力は不思議だなあと思うことがたびたびあります。特に、一歳から二歳にかけての成長や変化には、目を見張るものがありました。

たとえば一歳前後。一人で歩けるようになります。一歳までの首の据わり、寝返り、お座り、ハイハイなども発達の節目として非常に重要なことですが、歩行の完成は、バランス感覚や身体コントロール機能の充実につながっていきます。

ところで、人間は多くの高等哺乳《ほにゅう》類と異なり、運動機能が極めて未熟な状態で生まれてきます。ポルトマンというスイスの動物学者は「生理的早産」と呼びました。二足歩行と言語の使用は、人間ならではの特長ですが、これは大脳の発達と深い関係があり、その意味でも、人間の発達にとって一歳から一歳半ごろは非常に大切な節目なのです。

また、このころから、「目的と手段」を理解するようになります。おもちゃの太鼓を叩《たた》くためにバチを使う、高い所のものを取ろうとして足場の代わりになるようなものを持ってくるなど、「道具」を使うといった知恵が生まれるのです。

言葉が生まれるのも一歳ごろからですが、その前には、記憶の原型となる力が育《はぐく》まれています。

たとえば生後六カ月ごろに、目の前にあるミニカーをハンカチで隠すと、「ミニカーは存在しない」と受けとめ、関心が薄れます。しかし、一歳前後の子に同じことをすると、ハンカチを取り除こうとします。「ハンカチの後ろにはミニカーが存在する」と理解するようになるのです。

また「いないいないばあ」といったやりとりを喜ぶ時期は、まさに記憶の原型となる力が生まれていることを示しています。「目の前になくても存在する」といった記憶が、言葉の使用につながっていくわけです。

さらにいえば、「見えない存在」に気づくことのできる力が人間力であり、これは本来、人間が身に付けている力ではないでしょうか。その大きな節目は、一歳前後にあるようです。

相手の気持ちを察したり、神様を信じたりするなど、「目には見えないけれど存在している」ことへの想像力を、子どものころから磨いていきたいものです。

その2　子どもの遊び

子どもは遊びを通して成長していきます。遊びには、子どものさまざまな能力を育てる要素が含まれています。しかも、子どもの遊びが一人から集団へと変わることにより、とても大きな展開が起きてきます。子ども同士の遊びには、目には見えない〝遊び力〟が潜んでいるのです。その〝遊び力〟は、子どもの情緒や社会性を育《はぐく》む力となっています。しかし最近は、かくれんぼ遊びのできない子どもが増えているとか……。

子ども同士で楽しく遊んでいる姿が、目に見える部分だとすると、目に見えにくい部分には〝遊び力〟があります。建築物に例えれば〝遊び力〟は基礎や柱であり、とても重要な部分です。

かくれんぼの場合を考えてみると、隠れる側はしばらくの間、一人で息を潜めてじっと我慢しなければなりません。狭い空間で孤独に耐えることが必要なのです。もちろん、相手の動きをイメージし、隠れる場所を探したり、隠れている場所が見つからないように工夫したりする知恵も必要となります。

一方、捜す側はどうでしょう。自分ならどこに隠れるか？　ここでも、相手の立場に立って想像する力が必要になります。お互いに相手の存在は見えませんが、隠れるほうも捜すほうも、心のなかでイメージしながら遊びを展開しているのです。

このようなイメージ力や認識力といった知的な要素が基礎部分の一つとすれば、

情緒的な面も基礎部分として重要です。見つけた時のうれしさや、見つかった時の悔しさ。たまには、けんかもするでしょう。素朴な感情がいろいろに交錯するなかで、他者に対する信頼感や思いやりといった情緒が育まれていくのです。

もちろん、遊びを通してルールを学びます。社会性も培《つちか》われます。

子どもが安心して遊ぶことのできる空間が少なくなったという環境要因、身体能力の未熟さからくる身体機能の要因、ビデオ・パソコン・ゲーム機といったＩＴ機器の影響、自己中心的な言動やコミュニケーションがうまく取れないといった対人関係面での課題等々、子ども同士で遊びを展開できない理由は多岐にわたります。そこで、できることから考えてみてはどうでしょうか。

親子で楽しく遊ぶことは、とても大切です。「親と楽しく遊んだ」という体験は、子どもの心に他者への信頼感や安心感など、大切な情緒を育む基礎となるからです。遊びは子どもの特権です。その特権を十分に発揮できる環境を整えることも、大人の大切な役割なのです。

その3 発達障害

「発達障害」については、最近、新聞やテレビなどでよく取り上げられるようになりました。当然のことながら、子どもは一人ひとり個性を持っています。子どもへの対応は、子どもの理解から始まります。そのうえで、保護者や周囲の人は、関《かか》わり方を工夫して子どもの輝いている力を引き出したいものです。

発達障害とは、「自閉症」「アスペルガー症候群その他の広汎《こうはん》性発達障害」「学習障害（LD）」「注意欠陥・多動性障害（ADHD）」など、脳機能の障害であって、通常は低年齢において発現するものと考えられています。

早期発見や早期支援への取り組みを始めている市町村があります。また、都道府県でも「発達障害者支援センター」を設置して、相談・助言・支援を始めました。平成十七年四月からは「発達障害者支援法」が施行され、学校教育関係では「特別支援教育」の動きがあります。こうしたなかで、「発達障害」という言葉を耳にする機会が増えてきたように思います。

ところで、「自閉症」「アスペルガー症候群その他の広汎性発達障害」「学習障害」「注意欠陥・多動性障害」については、それぞれ特徴があります。さらに、障害者一人ひとりには個性や違いがあります。専門家でも、正確な診断はなかなか難しいものです。

ただ共通するのは、対人関係やコミュニケーションが適度に取れないといったところでしょうか。ですから、学校や集団場面での不適応といった訴えや悩み、問題から相談が始まることが多いようです。

もしも、こうしたことで悩んでいる人がいたら……。

「親のしつけが悪い」と、周囲の人は保護者を一方的に責めないようにしてください。

保護者も、必要以上に自分自身を責めたり、「何度言っても分からない子だ！」と、子どもにマイナスのレッテルを貼《は》ったりしないようにしましょう。

一見、短所に思える部分も、時と場合によっては長所に変わります。周囲の人との関わりや環境などを工夫することによって、子どもは輝き始めます。

子どもの日常生活の様子をよく観察して、子どもの持っている能力を見極め、引き出す。そのような役割を、親や周囲の大人は大切にしたいものです。

その4 携帯電話

いまや携帯電話がなくては暮らせない時代になった、というのは大げさでしょうか？　実際、コミュニケーションの新しい手段・道具として、現代人の生活にすっかり定着しています。ところが、この便利な通信機器によって、これまでにない人間関係、新たな問題も生まれているようです。便利さの裏側では、いったい何が……。


「新学年になったら携帯電話を買ってあげるよ」

春を迎える時期になると、このような約束をしている家庭が結構あるかもしれません。

街角や駅のホーム、電車のなか、あるいは自転車や車を運転しながら（違反ですが……）等々、日常生活のあらゆる場面で携帯電話を見かけるようになりました。

確かに、携帯電話はとても便利な道具です。

ところが、自由に使えて便利なはずなのに、思わぬことから不自由になるといったエピソードを聞くようになりました。携帯電話は人間心理や人間関係、コミュニケーションのあり方に、とても大きな影響を与えているようです。

発信したメールに対してすぐに返信がないと、「嫌われているのではないだろうか……」と不安を募らせてしまう傾向。不安の量は、返信が来るまでの時間に比例するようです。

メールでのやりとりを「自分のほうから切れない」「どこで切ったらいいのか分からない」と躊躇《ちゅうちょ》してしまう傾向。これも、相手に嫌われるのではないかという気持ちが奥底に流れています。

こんなカップルがいました。男性から女性へ電話をかけた際、すぐに出ないと、男性の機嫌がとても悪いというのです。一度目の呼び出しで出なかったり、出るまでに時間を要したりすると、「いったい、何をしていたのか！」と、ひどいけんまくで怒り始めるというのです。

あるとき、男性から連続して十数回の着信履歴があって、女性は「ゾッとした」とのことでした。男性は「自分がかけたとき、相手が出るのは当然！」と思っているのです。

相手の状況がよく分からないのに、自己中心的な発想に陥ってしまうわけです。このような出来事が続いたので、女性は男性との付き合いそのものを考え直したそうです。

くれぐれも「一方的」「自己中心的」な心づかいをしないよう、また道具に拘束されて心が不自由にならないよう、気をつけたいものです。常々、相手を思いやる心も〝携帯〟したいですね。

その5　チック症

乳幼児期から学童期にかけて多く見られるチック症。とても心配になりますね。でも、あわてる必要はありません。ある意味、子どもから発信される〝ストレス信号〟かもしれません。また、発信できる健康さを持っているのだと考えることもできます。焦りは禁物です。まずはホッとできる家庭環境、おおらかにのんびり育つ環境づくりを心がけてみませんか？

入園・入学といった節目から一カ月ほどが経過すると、子どもたちは、それぞれ新しい生活に慣れてくるころでしょう。

四月末から五月初めにかけての大型連休が終わったころ、体調の不良を訴えると「五月病」と呼んだものです。「緊張の四月」を通り過ごした節目の時期です。

幼稚園の保護者参観に初めて出席したときのことです。しきりに目をパチパチさせている、ある子どもの姿が目に入りました。「頻繁な瞬き《まばた》」「ピクッと動く」「頭を振る」など、本人の意思とは無関係に繰り返し起きるこうした症状を「チック症」といいます。幼児から小学校低学年にかけて、よく見られるものです。

本人の意思とは無関係に起きますので、わざとやっているわけではありません。ですから「何しているの！」「また繰り返して！」という叱責《しっせき》は逆効果（無意識でやっている行動をかえって意識化し固定してしまう）になっても、解決にはまったく役立ちません。

大人の目から見れば気になるかもしれませんが、子どもは言葉にできない不安や緊張、ストレスなどを、こうした症状で表している場合があります。家庭では症状にのみ焦点を当てすぎないで、リラックスさせてホッとできるようにしましょう。

多くの場合、一時的な症状として解消していきます。とはいえ、「いつまで続くの？」「格好悪い！」などと、親のほうが過剰な不安を持ったり、わが子の姿を見てついイライラしたりするかもしれません。

親としての踏ん張りどころです。焦りは禁物なのです。

子どもが予想もしなかった様子を見せた機会に、親として子どものありのままを受け入れ、どんななかにも喜びを見いだせるように心がけてみませんか？

なお、長引いたり、本人がとても気にしたりする場合は専門家にご相談ください。

その6

子ども世界のストレス

近年、深刻な社会問題になっている児童虐待、自殺にもつながるいじめ。子どもたちを取り巻く環境に目を向けると、課題は山積みのように感じてしまいます。たとえ厳しい環境であっても、子どもたちには、心身ともに健康に育ってもらいたいと願うばかりです。

親子が向き合い、葛藤《かっとう》していくなかで、重要なのは何でしょうか？

数年前、「赤ちゃんポスト（熊本・慈恵《じけい》病院の『こうのとりのゆりかご』）」が話題になりました。子どもの命を救いたいとの取り組みですが、一方では、児童虐待やいじめをはじめ、子どもたちの世界に渦巻くストレスは相変わらずです。そのようななかで、子どもが心理的に健康に発達していくには、何が重要なのでしょうか。

発達心理学の世界では、「自分は保護されている」「自分は守られている」という感覚を育てることが重要であるといわれています。

虐待やいじめのなかに身を置いている子どもたちは、まさに、この感覚を育てることが危《あや》うい状況にあると言っていいでしょう。

「守られている」感覚は、日常のさまざまなストレスから防御してくれる、目に見えない「安全服」のようなものと言えるかもしれません。「守られている」という感覚は、「温《ぬく》もり」感に通じます。人の温もりがわが身を包んでくれることで、理屈抜

きに心が癒《い》やされるのです。
親からの虐待を長期にわたって受けた場合、悲しいことに、子どもの心は冷えきり、凍り、固まってしまいます。いじめの場合も同じように、心が冷えきってしまいかねません。
それだけに、「守ってくれている」「そばにいてくれる」と感じることができる家族や友達の存在は、大きな意味を持つわけです。とりわけ〝親に守られている〟という実感は、とても大切です。
ところで、「守られている」という感覚を回復できる第一歩は、「分かってもらえている」という感じを持つことだといわれています。そばに寄り添う理解者の存在が、とても重要なのです。

カウンセリングは相手を分かろうとする作業です。しかし、相手を分かることはカウンセラーだけにしかできないということではありません。

私たちは、お互いに相手を分かる「心」を持っています。その心を相手のために使い、親子・家族・隣人同士が「分かり合える」よう、たすけ合いたいものです。さらに言えば、私たちは目に見えない大きなものに「守られて」いるのではないでしょうか？　子どものみならず、私たち大人も「守られている」感覚を育てていきたいものです。

その7　子育て言葉の再点検

子育てにまつわる諺《ことわざ》や表現（キャッチコピー）は、私たちの周りにあふれています。しかし、そうした言葉に込められた思いを適切にくみ取ることができているでしょうか？　さらには、その諺を正しく使っているでしょうか？　子育ては言葉に心を添えて――を心がけたいものです。

「子どもは褒《ほ》めて育てましょう」

よく聞く言葉ですね。

叱《しか》るよりも褒めることのプラス面は、子育てに限ったことではないでしょう。褒められることによって、「やる気」や「意欲」の向上につながるからです。さらに言えば、「褒める」ことだけでなく、「ねぎらう」ことも忘れてはならないと思います。

ところで、子育ての場合、「褒める」側のお母さんやお父さんは、誰《だれ》かから「褒められている」でしょうか。この点が、いつも気になります。

親自身が、ほかの家族や周囲の人から「何しているの！」「それではダメ！」というマイナス言葉のシャワーを頻繁に浴びているとしたら、子どもに対してプラスの言葉を掛けることは容易ではありません。

愛されていない人は、人を愛せないといいます。同じように、褒められていない人も、人を褒めることはできません。人間関係は循環的なもの、相互的なものです。まずは、夫婦・家族・地域のなかで、お互いに「褒める」「ねぎらう」ことから始めてみませんか？　自分で自分のことを褒めることもできますよね。

子どもに向き合いましょう！

「子どもは親の背中を見て育つ」

これも、よく耳にする言葉ですね。

あらためて考えてみましょう。「背中」は、あくまでも象徴的なものです。子どもは親の背中を通して、親の生き方や思いなどをくみ取るのです。そのためには、メッセージを読み取る想像力が必要です。また、親からの発信を受動的に受け取るのではなく、親に対して積極的に注意や関心を向けていることが当然、必要になってきます。

親子の日常的な関《かか》わりや積み重ねがあってこそ、実は「背中」が意味を持つようになるのです。

親（特に父親）が子どもとの関わりを避けたり、放任したりする言いわけとして（自分に都合のいいように）この諺を使っているようなことはありませんか？

子どもは親をモデルにして育つのです。

その８　生活力を育てる

豊かで便利な生活は、果たして子どもたちの成長にプラスに働いているでしょうか。

生きるうえでの基本としての生活力。暮らしのなかで育てる機会を、もっと持ちたいものです。子どもにとって、日々の暮らしは自立への種まきなのです。

三月になると、卒業・進学・就職の時期を迎えることになります。「この機会に一人暮らしを」と心に決めている学生も多いことでしょう。なかには、親の心配とは関係なく、すでに新しい生活に向かって着々と準備を進めている若者がいるかもしれません。

四月から採用する新人に関して話題にしていたときのことです。ある福祉施設の就職面接で提示される「テスト」のことで、しばらく盛り上がりました。

それは、面接後に実施する「目玉焼きを作る」という課題だったのです。課題に取り組む学生の様子を見ていると、その人柄や行動パターン、生活経験の有無や深さなどがよく表れるとのことでした。たとえば、「目玉焼き」が完成するまでに、落ち着きがなく、よくしゃべる学生。反対に、不安になって沈黙が続く学生など、「いざというとき」の本人の行動パターンやコミュニケーションパターンが非常によく分かるというのです。

あらためて「目玉焼き」を課題にするといった発想の面白さに感心したものです。

確かに、単純な作業のなかに、いろいろな力を観察することができます。

卵の割り方は手先の器用さに通じます。火の扱い方や火加減の調節具合は、状況を読み取る判断力や的確に対応する行動力に、手際の良し悪《あ》しは段取り力に通じると言えるでしょう。これらをまとめて言うと「生活力」になります。

掃除、洗濯、調理に関する一連の動き（段取り）は、日常の暮らしに必要不可欠なものです。しかし現代の暮らしでは、整理・整頓《せいとん》といったことに無頓着になり、掃除は省略、洗濯は全自動、調理をしなくても食べられる食品がコンビニエンスストアで手に入るようになりました。時間を要したり手間を掛けたりすることを避け、楽なほうへ流れることによって、生活力はいとも簡単に低下してしまいます。

毎日の暮らしは自立への種まきであり、「生活力」を育てる大切な時間なのです。子どものころから、さまざまな経験を与えるようにしたいものですね。具体的な暮らしを通して、生活の知恵が深まっていくのですから。

その9 スポーツを通して

野球やサッカーなどチームでプレーするスポーツには、楽しさの半面、難しさもあります。しかし、みんなと合わせようとする心が適応行動を促し、良好なコミュニケーションをもたらしてくれます。さまざまな機能を高めることで成長の糧《かて》にもつながることでしょう。

草野球は、いまでは少年野球やリトルリーグ、さらには高校野球に向けたスポーツ教室へと変わりましたが、体を動かすことの楽しさや喜びは、いつの時代も変わりません。

元気《げんき》君（仮名）が地域の野球チームに入ったのは、友達に誘われたという単純なことがきっかけでした。小学六年生の元気君は、他者とのコミュニケーションがうまく取れなかったり、その場の状況が理解しづらかったりといった特徴があり、スクールカウンセラーから「発達障害の傾向が認められます」と指摘されていました。

元気君がうまくチームに溶け込めるか、両親はずいぶん心配しましたが、「野球を楽しむことが一番！」というリーダーの方針に任せることにしました。

これまで野球をやってこなかった元気君ですが、キャッチボールやバッティングといった基本練習は新鮮さもあり、結構楽しんでいたようです。両親には必ず練習の様子を報告するという毎日が続いていました。

ところが、実践的な練習をするころになると、報告の量が少なくなってきたのです。心配した両親は、それとなく練習の様子を見に行きました。バッターボックスに入った時のピッチャーとの駆け引き、出塁した時の野手の動きやボールが飛んだ状況に合わせた的確な走塁動作、アウトカウントに合わせた判断など、彼には苦手なことばかりだったのです。

報告が少なくなったことについて納得した両親は、毎日練習に行く彼をしばらく見守ることにしました。

野球にはチームワークはもちろんのこと、試合全体の流れや、その場の状況に合わせて柔軟に対応する力が求められます。サインを読む力も必要になります。人間関係能力につながるものがあります。

数カ月後、「また練習の様子を楽しく話してくれています」と両親から報告がありました。スポーツを通して、彼なりのペースで成長しているようです。

番外編「うつをめぐって」

その１　男性のうつ　女性のうつ

さまざまなストレスから日常生活に支障を来《きた》してしまう「うつ」。うつの回復には家族の温かいバックアップが欠かせません。正しい知識と治療、そして何よりも家族の絆《きずな》が求められます。つながり合う家族だからこそ……。


ある年の初秋の午後、一本の電話がかかってきました。

「ちょっといい？　話を聞いてくれる？」

相手は、遠い親戚《しんせき》の一人でした。久しぶりに聞く声は、気のせいか弱々しく感じられました。
「いいけど、どうしたの？」
「最近、何もやる気が起きなくて……、食欲もないし、あまりよく眠れないという
か……」。心身の様子や変化を一方的に語り始めました。
「ひょっとして、うつかもしれない」と感じた私は、できるだけ早く受診するよう
に勧めました。その後、紆余曲折《うよきょくせつ》を経て、現在はうつと上手《じょうず》に付き合っているよう
です。
「気分障害」とも表現されるうつ病は、急激な増加傾向が指摘されています。「自
殺」と「うつ病」との関係も深刻な問題です。まずは、「受診・治療」と「休養（休
職）」が重要となります。回復途上においては、職場復帰プログラムという「リハビ
リ」が取り入れられています。
ところで、男性のうつの多くは「仕事」や「職場の人間関係」などが引き金にな
っています。そのことの反映なのか、二〇〇五年の統計（患者数）では、四十代が

ピークになり、その後は減少傾向を示しています。

それでは、女性の場合はどうでしょう。同じ統計を見ると、三十代が一つのピーク、四十代に少し下がるものの、再び増加傾向となり、六十代では三十代を上回り、七十代が最大のピークに達するという結果になっています。

うつ病患者は、女性が男性の二倍近いといわれていますが、妊娠・出産・更年期など、身体的な要因やストレスが、男性よりも多いことが影響しているようです。

さらに、仕事を持たず家事に専念する女性にとって、「仕事」というのは「家庭（家事）」であり、「職場の人間関係」というのは、「夫婦関係や嫁姑《しゅうとめ》関係、親子関係」に当てはめることができます。女性（主婦）のうつ病の場合、だからこそ、夫や家族の理解と協力が必要不可欠なのです。一人の病は、家族全体のありようとつながっているのです。

その2

若者のうつ

うつ病は中高年に多いとされていましたが、最近では、十代後半から三十代前半という若い年代にも増加傾向が見られます。呼称は、「新型うつ」「未熟型うつ」「プチうつ」等々さまざまです。症状は一人ひとり異なりますので、当然、その対応も個々に違います。家族や周囲の者が、どう対応すればいいのか分からないと、戸惑いや不安が高じても不思議ではありません。

新年度が始まると、新しい学校や職場に慣れるのに、大きなエネルギーを使う方が多くなります。

生活時間帯や住まいの変化、通勤や通学、新しい人間関係の形成、勉強や仕事のマスターなど、一度に多くの課題に直面するのが四月です。大きな変化に出合うとストレスも強く感じることになります。でも、これは普通の感覚です。

また、なんとなく面白くないと思ったり、気分が滅入《めい》ったり、ふさぎ込んだりするなど「うつ気分」になることがあります。これは誰《だれ》にでもあることです。

こうした気分に、意欲低下や集中困難、物事を決められないなど、日常生活にも影響が出るようになり、病的な状態が加わったのが「抑うつ状態」とされています。さらに特化すれば、「うつ病」と診断されることがあります。

うつ病には精神症状だけでなく、ほとんどの場合、身体症状も見られます。本人はうつ病と認めたがらないので、食欲不振や不眠などの身体症状を気づかうことから、受診を勧めるという対応が考えられます。

ところで、最近は新しいタイプが提唱されるようになりました。これまでのうつ病のタイプには、几帳面《きちょうめん》さや他人への過剰な気づかいが見られましたが、新しいタイプは、社会のルールに対してもそれをストレスと受け取ってしまい、症状そのものを他人のせいにしてしまいます。このタイプは、比較的「若者」に多いとされています。組織に対する帰属意識が弱かったり、夕方五時以降や休日は元気になったりするというエピソードも紹介され、「新型うつ病」の一つといわれています。

これまでのタイプは、励ましや気晴らしは逆効果になることが多く、「頑張りなさい」は禁句でした。しかし、この新しいタイプには「もっと頑張りなさい」と言ったほうが良い場合があるのです。うつと言ってもいろいろあるので、医師と連携しながら必要な対応をしましょう。

心にひびけ

早樫一男・作

明るい声が　心にひびけば　生きる力が　わいてくる
手をたたこう　ランララ　心をそろえて　ランララ
手をたたこう　ランララ　ランラララララ　ランラララララ

明るい声が　世界に届けば　みんな心が　一つになる
手をたたこう　ランララ　心をそろえて　ランララ
手をたたこう　ランララ　ランラララララ　ランラララララ

明るい声で　心が輝く　生きる喜び　わかちあおう
手をたたこう　ランララ　心をそろえて　ランララ
手をたたこう　ランララ　ランラララララ　ランラララララ

＊この歌は、昭和四十九年（一九七四年）に作ったものです。

第2部

お道の家族カウンセリング

私論・試論

第1章 「家族を支える物語」——家族のおたすけの道しるべに

さまざまな心の問題の増加に対応すべく、カウンセリング講座は、一般市民向けから専門家養成向けまでいろいろな展開がなされています。また書店にも、カウンセリング関連の書籍がたくさん並んでいます。それらの多くは、個人カウンセリングを念頭に置いたものです。

カウンセリングといえば、個人を対象にしたカウンセリングが主流と言ってよいでしょう。さまざまな理論や流派がありますが、受容や共感、傾聴は、カウンセリングにとって重要な要素です。もちろん、このような態度や姿勢、また心づもりは、おたすけのうえでも必要不可欠であることは間違いありません。

私自身は、家族療法を学ぶまでは、児童相談の現場で面接やプレイセラピーなどを通して、子どもを中心に関《かか》わってきました。そのなかで、子どもだけに焦点を当てて取り組んでも、家族全体や親が変わらなければ問題解決には至らないという思いを強くしていました。

子どもの事情や身上はもちろんのこと、家族に見せられるさまざまな姿は、決して家族と無縁であるはずがありません。子どもの課題は家族の課題です。その課題に対して、どのように取り組んでいくかといった点において、家族は重要な資源なのです。

しかし、現実的には「家族」全体を視野に入れる考え方やアプローチはありませんでした。むしろ〝母原病〟といって、母親など家族の一員を犯人扱いする考え方が流行《はや》った時代があります。そのようななかで一九八五年、「家族療法」の訓練に通うことになったのです。

家族に対する見方や実践的なアプローチを学んでいくことによって、それまでの個人中心の見方（固定レンズ）ではなく、家族も視野に入れる見方（ズームレンズ）と多様なアプローチの仕方（手立て）を手に入れることができ、いまに至っています。

一人の煩いは家族みんなの煩い

「不登校の息子のことで相談したいのですが……。何を考えているのか、ぜひ、カウンセラーの先生に、子どもが考えていることを教えてもらいたいのです」

父親から電話があったのは、二学期も終わろうとしているころでした。

「一人息子の圭一《けいいち》（仮名）が、中学一年生の二学期から学校へ行かなくなりました。

妻と本人は、これまでいくつかの相談機関へ通っています。でも、まったく進展がありません。息子が何を考えているのか分かりませんし、どうしたらよいのか教えてほしいのですが……」

「ご相談には、ご家族そろってお越しいただけますか？」

「家族そろってですか？　これまでは妻と本人が相談に行っていたので、私が行くと知れば、圭一は嫌《いや》がるかもしれません」

「その場合は、ご両親でお越しいただければ結構です」

圭一君の家族との出会いは、このような形で始まりました。

これまでの相談の主流は、問題があると見られている本人や母親との個人面接でした。予約の電話をしてきた父親も、そのような相談の形態だと思っていたふしがあります。

しかし、「一人の煩《わずら》いは家族みんなの煩い」です。

当然、家族全体に働きかけることが大切になります。

家族全体を視野に入れた相談のことを「家族療法」と呼んだり、「家族面接」と言ったりしています。私が関心を持つのは家族全体のことなので、家族そろって相談に来ていただくような働きかけをしているのです。

そもそも、問題が起こらない家族というのはあり得ません。この場合の問題というのは、出来事や事情という言葉に置き換えてもよいでしょう。大切なことは、家族が、自分たちの身辺に起きてきたことをどのように受けとめ、解決していくかです。その際、何と言っても大きな力になるのが家族です。だからこそ、相談の場に家族の参加を呼びかけるのです。

家族というのは、一つひとつの歯車（家族それぞれ）が、お互いに作用しながら動いているシステムと考えることができます。問題が起こるというのは、その歯車がうまく噛《か》み合わず、ギクシャクしている状態と言えるかもしれません。お互いが噛み合わず（コミュニケーションがうまくいかず）、ギクシャクしているとか、バラバラに動いているとか、まったく動いていないという場合もあるかもしれません。

そのような意味では、問題が起こった時こそ、家族みんなが一つひとつの歯車（お互い）を点検したり、噛み合わせ（家族のコミュニケーションや連携）を見直したりするチャンス（良い節目）と考えることができるでしょう。

最近、心の専門家といわれる人たちが多くなってきています。相談機関が増えることは悪くありませんが、いざというとき何もかも専門家任せにすることは、家族（親）として、子ども（子育て）と向き合う大切なチャンスを逃していると言えるかもしれません。

暮らしのなかの小さな変化によって、家族の歯車は再びうまく動き始めます。気がついた者が、気がついたところから自ら変わる。すると、その変化が誰《だれ》かに伝わるのです。

家族はお互いに影響し合っているからこそ、面白いのではないでしょうか。

そもそも、家族へのアプローチは、一九五〇年代に始まったといわれています。

個人中心ではなく、家族全体を視野に入れることが、このアプローチの最も大きな特徴です。その後、家族を視野に入れた援助理論や実践（援助技術）は多様な変化を遂げていきます。家族療法・家族援助といった枠組みや取り組みは、わが国でも徐々に広がっています。

とはいえ、実際に家族へのアプローチを中心に行っている相談機関、理論と実践を教える教育機関はかなり限られています。「家族」に関する講座は、心理系の大学院でも、実はそれほど多くはありません。

私は、一九八五年四月からの二年間のトレーニングを終えた後、家族へのアプローチを児童相談の現場をはじめ、福祉相談機関でも実践するようになりました。家族へのおたすけの重要性が指摘されているなか、これまで家族援助を中心に取り組んできた者として、また一人のようぼくとして、お道の家族カウンセリング（私論・試論）という形で、「家族」を視野に入れた具体的・実践的なアプローチや、援助する際の心づもりをまとめたものが、この第二部です。

第2章　「十全のご守護」——お道の家族カウンセリングのポイント

お道の家族カウンセリングをまとめようと思い立つきっかけになったのは、上田嘉太郎《よしたろう》先生の著書『基本教理を身につけよう』（天理教浪華《なにわ》分教会刊）です。そのなかの「『十全の御守護』を味わう」に触発されたというのが率直なところです。ということで、この章では、先生の著書の一部を『　』の形で随時引用しています。あくまでも、私が強く関心を持った箇所という意味で理解してください。

結論から先に言えば、お道の家族カウンセリングとは「十全のご守護」に沿ったアプローチだと考えています。

十全のご守護には、家族へアプローチする際の姿勢や心づかいに通じる、重要なかどめが含まれていると感じています。さらに、家族へのアプローチには、十全のご守護に沿った順序を踏まえることが、非常に大切だと考えています。

こちらの気持ちが急《せ》くあまり、順序をおろそかにして、相手に教理や経験談を伝えることを優先してはいないでしょうか。

この章で述べるポイントは、家族へのアプローチだけでなく、個別（一対一）で出会う際はもちろんのこと、さまざまな対人援助の場面においても心得ておくべき重要なポイントだと考えています。

そういった意味で、「十全のご守護」に沿った心構えというのは、お道の家族カウンセリングといった分野だけでなく、お道の対人援助の基本指針と言ってよいかもしれません。

ようぼくやおたすけ人にとって、「十全のご守護」は大きな拠《よ》り所《どころ》ですので、その順序に沿ったかどめや心づもりを大切にすることによって、家族へのおたすけに勇気をもって取り組めるものと確信しています。

以下、「十全のご守護」の説き分けと『基本教理を身につけよう』の記述に基づいて、家族カウンセリングのポイントを述べてみたいと思います。

くにとこたちのみこと

天にては月。人間身の内の眼《め》うるおい、世界では水の守護の理。

【眼　見ること】

『眼というものは、見る道具であります』

十全のご守護の最初が「くにとこたちのみこと」であり、「人間身の内の眼うるおい」とされていることは、対人援助の分野においても、非常に大きな意味があると考えます。

家族療法のトレーニングプログラムの最初は「見る」ことから始まりました。「見る」は「観《み》る」、すなわち「観察する」ことに通じています。それは「見立てる」（家族の特徴を理解する）ことにもつながる重要な作業なのです。

具体的には、家族が面接室に入ってくる様子（順番）、座る際の様子（指示の有無、誰《だれ》が誰に指示をするかなど）、座り方（席の配置、空間）などをよく観察するのです。

さらには、誰が面接の口火を切るのか（話し始めるのか）、また誰が誰のことをどのように話すのかなどを注意深く観るのです。家族はそれぞれ特徴や癖《くせ》、雰囲気、家族のルールなどを持っています。それらを家族の動きを通して観ること、把握すること、理解することが大切なのです。そういった意味で、「最初の五分間」が重要といわれています。

家族の癖は家族のパターンとも言えます。繰り返しているからこそ、家族のパターンになっているのですから、問題が起こったときの解決の仕方にも、当然、家族のパターンが関係していると考えます。

また、問題が続いているというのは、これまでの家族の（解決の）パターンが役に立たなくなったり、かえって長引かせたりしている（時には持続させている）のではないかと考え、これまでのやり方（パターン）と違った取り組みを提示することが、家族へのアプローチの基本の一つになります。

ですから、まずは家族の癖（パターン）の理解（把握）が必要であり、そのためには最初の五分間、家族が繰り返しているパターンを、その是非を評価するのではなく、注意深く「見る（観る）」ことが大切なのです。

家族の癖の再発見

これまで多くのご家族と出会ってきました。

家族との初回の面接は毎回緊張します。ご家族のほうも、初回は同じような思いをされていることでしょう。

ところで、私にとっての初めての家族面接体験は、いまでも強く印象に残っています。その時の様子の一部を脚本風に書くと、次のようになります。

殺風景な面接室のなかに椅子《いす》が五脚、円形に配置されている。

面接者用の椅子にはノートが置いてある。

母親から入室。

母親に従うように、うつむき加減の息子（中2）とその姉（高1）が続く。

母親「（息子に向かって）あんたはここ！（姉に）あんたはそこ！」

母親は大きな声を発するとともに、右手で二人の座る椅子を指示。二人は、奥のほうから座る。

最後に入ってきた父親に対しても、母親は同じように指示（面接者の右の椅子）。

満足した様子の母親は、面接者の左の椅子にゆっくりと座る。母親の正面には父親、左手には息子という配置となった。


この後、面接がどのように進んでいったかは、ご想像にお任せしましょう。

当時、私は、家族面接の訓練をスイス人のトレーナーのもとで受けていました。トレーナーは別室のモニターテレビ（家族は了解済み）を通して家族の様子を観察し、必要なアドバイスを私や家族にしてくれました。彼は通訳を介して面接内容を理解していましたが、言葉ではなく、家族の動きをもれなく観察したうえでの的を射た助言には驚かされたものです。

家族には、それぞれ癖があります。それは、問題に対する取り組み方ややり方と言ってよいかもしれません。「家族のパターン」と呼ぶこともあります。普段の暮らしのなかでも、家族のパターンは繰り返されています。もちろん、家族が新しい場所へ出かけたり、初めての人に出会ったりするというときにも、家族の特徴的な動きが見え隠れします。家族の動きを注意深く見ることが大切だということを、トレーナーは家族との面接を通して、繰り返し繰り返し教えてくれました。

その家族のやり方で問題が解決しているのであれば、特に気にする必要はありません。しかし、問題が長引いていたり、いつものやり方ではうまく解決しなかったりする場合、家族の動きはワンパターンになっているものです。ワンパターンというのは、頑固なやり方とも言えるでしょう。家族の誰もが気づかないまま、自分たちのパターンを繰り返していることもあります。それこそ〝家族の癖〟なのです。

お道では、銘々《めいめい》の「癖性分《しょうぶん》」を取るように教えていただいています。家族に起こる問題は、頑固な〝家族の癖〟を変えるチャンスかもしれません。これまでとは違った取り組みや、やり方を試してみるとよいのではないでしょうか。また、自分たちで気づかずにやっている癖だからこそ、第三者の注意深い観察が有効な助言となるのです。

家族には癖があるということを教えてくれた、最初のご家族に感謝！

京都の高級料理旅館、吉田《よしだ》山荘の女将《おかみ》の中村京古《なかむらきょうこ》さんから、こんな話をお聞きしました。

接待などでお客さんが来《こ》られた際、玄関に到着時の様子や、応接室への入室時の様子を注意深く観ることが大切だというのです。

上座に案内する人は誰《だれ》か、また、お茶を出す順番は誰からなのかなど、接待した人、された人に失礼がないようにすることは、接待に欠かせない気配りなのです。

接待というのも対人援助サービスです。対人援助分野の専門家にとって、しかもプロを自負する人にとっては、「観る（見る）」ことが基本になるということを、あらためて実感しました。

【世界では水】

水の性質に関して、**『流動性については、先の神経の身上に関して、「低い心で通ることが大切」と聞かされたという話をしましたが、「水は方円の器に従う」という**

諺《ことわざ》も、**この水の流動性から来ています』**と記されています。

個人カウンセリングでは、「受容」「共感」「傾聴」が基本になっています。

お道の教えを基本とするカウンセラーやおたすけ人は、「理解」ということを基本に据えることが肝心だと考えています。それは、水の働きで教えていただいている心の「流動性」（自由性）と、それに関連する「低い心」であることが基本になるからです。

「理解」とは英語でアンダースタンド（Understand）といいます。二つに分けると、「アンダー（Under）」と「スタンド（Stand）」になります。つまり、「理解」とは相手よりも下に位置することによって成り立つ、ということが示唆《しさ》されていると考えます。

「理解」は相手との関係に大きな影響を与えます。相手が自分のことを理解していると思えば、そのことで心が安らぎ、相手の言葉や相手からの働きかけも素直に受けとめられるでしょう。

しかし、相手が自分のことを理解していないと思っていれば、相手の言うことを素直には受け入れられないものです。相手への「理解」がない状態で、こちらの伝えたいことの理解を強要するようでは、いくら正論を伝えても、相手が受け入れないのは当たり前だと言えるでしょう。

「観る」ことの次には、相手を「理解」するように心を使うことが大切なのです。

さらに、**『水は方円の器に従う』**とも指摘されています。

家族療法訓練において、「見る」ことの次に教えられたのは、家族のなかに溶け込むことでした。「家族」という集団の波長に、面接者の波長を合わせるのです。

家族はいろいろです。理知的な物言いの家族、ざっくばらんな家族、両親が共働きの家族、自営業の家族、三世代家族もあれば、核家族、さらには、近年増えている単親家族もあります。

家族メンバーの呼び方も、家族によって異なるかもしれません。また、家族を注意深く観察すると、お母さんがよくしゃべる家族、祖父母が実権を離さない家族、父親の存在感が薄い家族など、家族のありようは実にさまざまです。

家族との最初の出会いで大切なことは、家族がこちらに合わすよう働きかけるのではなく、こちらが家族に合わすよう心がけることです。それは、その家族という「方円の器」に従うことなのです。こちらの価値観やこちらが描いている家族像に固執するのではなく、まずは、それぞれの家族に合わせることから、家族との良き関係は築かれていくのです。当然のことですが、家族との関係の良し悪《あ》しは、その後のカウンセリングの動向に大きな影響を与えることになります。

〈まとめ〉

最初に大切なことは、家族を「見ること」です。「みる」は「観る」であり、「視《み》る」であり、「診る」であり、そして「看る」ことにも通じています。

さらには、こちらの心を低くして、家族を「理解する」ことと、家族に「合わせる」ことです。

をもたりのみこと

天にては日。人間身の内のぬくみ、世界では火の守護の理。

【ぬくみ、世界では火】

相談に来《こ》られた方の多くは、「これからどうなるのだろう?」「どうしたらよいのだろう?」「こんなことを話してもいいものか?」「相手にされないのではないか?」等々、不安や戸惑いを持っています。心が冷え固まったり、疲れ果てたりしていることでしょう。とても傷ついているかもしれません。

最初の出会いでは、**【眼、水の働き】**に象徴される冷静さとともに、相手の心に

【ぬくみ】をもたらすような心づもりが非常に重要です。「相談に来て良かった！」「この人に出会って良かった！」と感じてもらえるかどうかが大切なポイントなのです。

相手にぬくもりを伝える基本は、ねぎらいの心です。

「今日《きょう》はよく来てくださいました」

「これまで大変ななか、よく頑張ってここまでやってこられましたね」

そうした〝ねぎらい〟の言葉とともに、

「お会いできて大変うれしい」

「お会いできたことが新しい一歩になりますよ」

といった勇気づける言葉と態度も、疲れた心にぬくみをもたらすことにつながるでしょう。

人間関係とは、そもそも相手とこちら（担当者）の相互関係（相互作用）です。

こちらは相手を見ていますが、相手も「自分の気持ちを理解できる人だろうか？」「頼りになる人だろうか？」「優しい人だろうか？」等々、こちらを見ている（見定めている）のです。

ねぎらうことの大切さ

「先生、私ね、仲人に騙《だま》されたんですわ！」

娘の不登校のことで相談に来るようになった母親との二回目の面接は、このような言葉から始まりました。

「どういうこと？」

私立中学校へ通っている一人娘への期待をたくさん聴いた初回面接が、母親の信頼感や安心感につながったのかもしれないと思いながら、とにかく耳を傾けてみました。

「実は、夫は養子なんです。私は二人姉妹なんですが、姉は父親と反《そ》りが合わず、早くに結婚して家を出ました。私は両親の期待に沿うように育ちました。亡くなった父親の商売も継いでくれるということで夫と結婚したんですが、この不況で商売がうまくいかなくなり……。もともと、商売には向いていなかった人なのかもしれません。家では無口なので、夫婦の会話はありませんし。とにかく、残務整理でも何でもいいから、弁当を持って家から出てくれるだけでホッとします。離婚も考えていますし、このことは娘も知っています」

育ちから結婚、夫への不満や離婚話と、母親は自分のストーリーを延々と話し続けました。

娘の不登校、父親の商売の行き詰まり、夫婦の溝など、一度にいろいろなことがこの家族に押し寄せてきています。母親はその渦中にあって、孤立状態にあります。孤立状態の時は、無気力・投げやりになっていくか、相手（自分以外の他者）への攻撃をエスカレートさせていくか、いずれかのケースが多いものです。母親にも、そのような傾向が感じられました。

母親の話にやっとひと区切りがついたところで、担当者は、

「これまで人には言えない、いろいろな事情を抱えるなかで、一人でよくやってこられたんやねぇ」

と母親へのねぎらいの気持ちを伝えました。

母親は、何を言われるのかと不安そうでしたが、すぐにホッとした表情に変わりました。

夫婦・親子など、家族は相互的な関係ですから、母親に問題がないわけではありません。また、相談に来ている母親の変化を考えるということも自然な流れです。

しかし、大変な状況の渦中にいる人（この場合は母親）に対して、頭ごなしに説教したり、理屈で責めたりしても、大変な状況からなんとか抜け出そうとするエネルギー（気持ちや意欲）は湧《わ》いてきません。ごもっともな意見や指摘だけでは、人は変化しないのです。

『稿本天理教教祖伝逸話篇』には、大変な状況のなか、おぢばに帰ってきた方々に、

「よう帰ってきたなあ」と親しくねぎらわれる教祖《おやさま》のお姿を随所に拝見することができます。「ねぎらい」ということの大切さを教えてくださっています。「ねぎらい」の言葉と態度は、困難な状況のなかにいる人への勇気づけ（エンパワーメント）であり、「勇ます」にも通じるものです。それが、のちの大きな変化につながるのではないでしょうか。

〈まとめ〉

相手の心が温かくなるように接することが大切です。

そのポイントは「ねぎらい」の心です。「ねぎらい」の心によって相手の心は温まり、勇気づけられ（エンパワーメント）、困難に立ち向かっていけるようになります。心が温まると、生きていくエネルギーが湧いてくるのです。

『「天にては日」、即《すなわ》ち、太陽です。言うまでもなく、太陽は地球上のあらゆるエネルギーの元です。生きとし生けるものの活力の源です』

「眼、うるおい」「水」に象徴される働きとともに、「ぬくみ」のあるバランスの取れた対応を心がけたいものです。

〈家族の理解・見立てについて〉

家族をどのように理解するか（見立てるか）について、基本的な枠組みを紹介します。

家族療法では、家族を一つのシステム（関係を持ったまとまり）と考えます。家族のシステムを理解する枠組みとして、「構造的家族療法」という考え方があります。家族を「パワー、バウンダリー（境界）、サブシステム（より小さな単位）」という三つのキーワードによって理解するのです。

その最初に注目するのが「パワー」です。

パワーには、決定（権）という側面もあれば、リーダーシップという側面もあります。家族メンバーを適切に「コントロール」する力と言ってよいでしょう。子どもに対しての「しつけ」も、コントロールの一つです。

「水の守護」も「火の守護」も、「水力」「火力」といった「パワー」につながるものです。

『〝水〟は、をもたりのみことの御守護の理に関《かか》わる〝ぬくみ〟、即《すなわ》ち、熱をコントロールする常套《じょうとう》手段であることからすれば、熱情、感情をコントロールする理性の働きを、くにとこたちのみことに関連づけることができるかとも思います』と記されています。家族の「バランス」といった点からも、大変興味深いところです。

くにさづちのみこと

人間身の内の女一《おんないち》の道具、皮つなぎ、世界では万《よろず》つなぎの守護の理。

【金銭、縁談、万つなぎ】

『「金銭、縁談」をはじめとする世の中のつながり、社会性、関係性全般を指す表現と言っていいでしょう』と記されています。

家族との面接で、次に大切にするのが「ジョイニング」です。「ジョイニング」というのは、家族システム（個々のメンバーおよび全体）に溶け込むこと、つながることを意味します。家族と波長を合わせることと言えるかもしれません。

イメージで言えば、下宿でお世話になっている人が、その家族の会話や文化や風習に合わせて、「家族全体」および「家族メンバーそれぞれ」とつながるという感じでしょうか。家庭訪問したその家庭になじみ、つながることと言ってよいかもしれません。構造的家族療法の創始者であるサルバドール・ミニューチンという人は、「ホスト役」になると表現しました。

要は、家族（システム）とつながることが援助のスタートになるのです。家族が問題に向かって取り組もうとする際、援助者との共同態勢、信頼関係が不可欠であることは言うまでもありません。そのような関係を構築するには、援助者が家族に溶け込むことが大切だということです。

『「皮つなぎ」には、そうした外部から人体を保護する、また、それぞれの内臓でいえば内臓の独立性と申しますか、これを確保しているという働きがあります』として、『「つなぎ」というのは主として、横の動き、水平方向の広がりに関《かか》わる働きです。協同、連携といった横の働き、つながりの大切さをお教えくださっています』とも指摘されています。

〈家族の理解・見立てについて〉

家族を理解するキーワードには、「パワー」に続いて「バウンダリー」と「サブシステム」があります。「バウンダリー（境界）」というのは、個人の場合は、自分と他者との線引き、家族の場合は内と外との線引き、家族内の場合は各世代間の線引きのことです。目に見える境界線（隔たり）が存在するわけではありませんが、独立性を確保するための境界は非常に大切です。家族の場合は、特に世代間の境界に注目します。

サブシステムというのは、家族のなかの小さな集まり（つながり）です。具体的には、祖父母サブシステム、両親（夫婦）サブシステム、子どもサブシステムを言います。それぞれのサブシステムが仲良くまとまっていると、おのずと各世代の境界線も適切に確保されています。境界線には、〝堅い〟〝適度〟〝あいまい〟といった段階があると考えます。たとえば過保護とか過干渉と言われている関係は、母と長男との境界線が〝あいまい〟と考えるわけです。このような場合、両親（夫婦）のサブシステムは機能していない（葛藤《かっとう》がある、家庭内離婚など）と考えます。

援助の目標は、境界線を引くことにより、各世代（横）同士のつながりを充実させ、機能させることにあります。

引けていますか？　家庭のなかの境界線

卒業や転職、退職などは、人生の一つの区切りになります。何事についても区切りをつけたり、線を引いたりすることは変化につながるものなので、とても重要です。ただし、変化に伴う新たなストレスを感じるかもしれません。

また、グローバル化やIT化の波のなかでボーダーレスが主流になってきていますが、だからこそ、なおさら線を引く、けじめをつける、区切りを明確にするなど、「境界線」を設定することは大切だと思います。

家庭における境界線で最も大切なのは、「世代間の境界」です。夫婦（両親）・祖父母・子どもの各世代がまとまっているか、さらに他の世代との間の線が引けているかということです。

ところで、境界線といっても、実際に目に見えるものではありません。それは〝心理的な境界線〟としか表現できません。しかし、実際の暮らしのなかでは、世代間の境界線があいまいだなあとか、崩れているなあと感じることがあります。たとえば、子どもが夫婦（両親）の話をすべて聞いている、あるいは夫婦の話が筒抜けになっている、といった場合があります。

また、父親に対する愚痴の聞き役として、娘を頼りにしている母親、さらに男子中学生と母親の寝室が同じというケースもありました。いずれの場合も、親子の間の境界線があいまいになっています。

いつまでも初孫の世話をする祖父母は、やはり線を引くことができていない例です。最近では、夫婦のもめごとに介入する実家の親も、世代間の境界があいまいになっていることを示しています。

一方、親子がまったく口を利かない、顔を合わすことを避けているといった場合は、境界線が硬直化しているケースです。

「境界線」とか「区切り」といった心の動きは目に見えないようで、実は、具体的な生活においては明確に表れているものなのです。

いま一度、毎日の生活を点検してみましょう。境界線を飛び越えてしまうような言動をしていませんか?

〈まとめ〉

家族とのジョイニングが大切です。家族全体(家族の文化や価値観、雰囲気など)とつながること、家族それぞれとつながることを心がけましょう。

家族を理解するうえで、「バウンダリー」と「サブシステム」という観点から、その特徴を捉《とら》えてみてはいかがでしょう。

月よみのみこと

人間身の内の男一《おとこいち》の道具、骨つっぱり、世界では万《よろず》つっぱりの守護の理。

「骨つっぱり」ということからは、援助者に必要なリーダーシップという言葉が思い浮かびました。

家族は、良くも悪《あ》しくも、これまでやってきたやり方で生活を繰り返しています。それなりのパワー（強力な癖《くせ》）を持っているとも言えるでしょう。それだけに、援助者がそのパワーに巻き込まれることが往々にしてあります。

「ここぞ！」という頑張りどころでは、家族の踏ん張りが必要です。たとえば、家族（夫婦）が話し合って決めることが大切な場合が出てくるのです。

しかし、それまでの人生で、そのような取り組みやコミュニケーションの確保ができていない家族（夫婦）の場合、「先生、決めてください」と、担当者に依存的になることがあります。その言葉に乗って、担当者が決めてしまうと、家族は自分たちが引き受けなければならない責任と負担を回避することになるのです。

家族に対して援助していくという自覚と責任のもと、家族の課題に関しては、家族が自ら積極的に取り組む（肩代わりしない）という思いで、しっかりとリーダーシップを持ちたいものです。

〈家族の理解・見立てについて〉

『「骨つっぱり」はいわば進歩、前進、発展の象徴でもあります』と述べられているように、家族理解の際にも、そのことがいかに重要であるかが分かります。それは、「家族の発達段階（ライフサイクル）から考えると、目の前の家族はどの段階だろうか？　そして、その段階なら、どのような課題があるのだろうか？」といったことが、家族理解の手がかりになるからです。

個人には、たとえば乳児期、幼児期、児童期、青年期、成人期といった発達段階があり、各発達段階には、それぞれの課題があります。ある段階の課題が達成されないと、次の段階へ持ち越すことになります。

実は、家族にも発達段階があるのです。それは、結婚前の時期（婚約期）、新婚期、子育て期（就学前、就学中）、独立期、等々です。もちろん各時期には、それぞれの課題があります。個人の発達課題と同じように、家族が発達課題を達成していないと、次の時期へ持ち越すことになります。特に家族の場合、夫婦のコミュニケーションや親密性の確保は、非常に重要なポイントとなります。

『「万つっぱり」、これは物事を支える働き一般』と説明されています。家族を支えるといった観点からも、夫婦に焦点を当てて考えてみることが大切だと示唆《しさ》されているのではないでしょうか。

さらに、**『「つっぱり」と「つなぎ」を対照して、その対のあり方、相補性を思案しますと……』**とも記されている通り、家族の発達における夫婦の相補的な役割に関心を向けることが重要なのかもしれません。

〈まとめ〉

援助者としてのリーダーシップを忘れないこと。家族が自分たちの力で踏ん張れるよう、援助者としてバックアップすることを忘れないこと。

家族理解のうえからは、家族の発達段階を理解しておくことが助けになります。

二者（夫婦）関係から三者関係へ

夫婦は一本の線で結ばれた二者の関係です。

子どもが生まれると、両親と子どもの三者関係になります。父・母・子どもを、それぞれ頂点に置いた三角形をつくってみると、この三者関係は三角関係であるということがイメージしやすいかもしれません。

一本の線だった家族は、第一子が生まれることで三本の線になり、さらに子どもが生まれて四人家族になると、それぞれを結ぶ線は六本になります。

このように、家族が一人増えるに従って、それぞれを結ぶ線は規則的に増え続け、一見、複雑になっていきます。

しかし、人間関係の基本は三角関係なので、いろいろな三角形を描くことができき

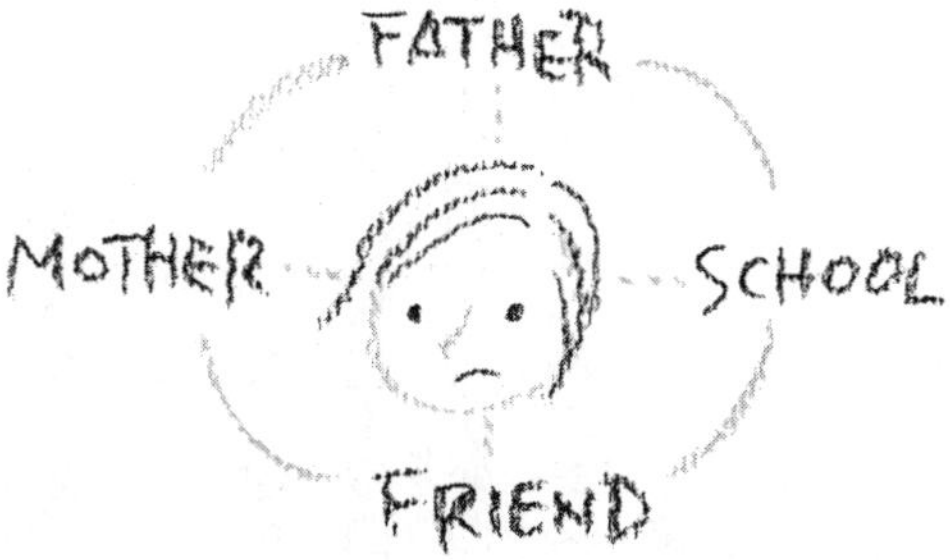

るでしょう。ちなみに、各線を＋《プラス》（良い関係）か－《マイナス》（悪い関係）で表すと、この三角の関係が安定しているのは、次の二つのパターンです（×は両者の関係性を指します）。

一つは家族三人の仲が良い場合（＋×＋×＋＝＋）、もう一つは、三人のうち二人の仲が良くて一人が外れている（外されている）場合（＋×－×－＝＋）です。

新しい家族は夫婦二人からスタートしますが、新婚時代から夫婦それぞれの実家の両親を含めた三角関係が必然的に生まれてきます。だからこそ、嫁姑《しゅうとめ》関係や配偶者の実家の親との関係がよく問題になるのです。

この問題を解決に導くヒントは、妻と夫の母との二者関係の問題とするのではなく、夫も加えた三者関係の問題と考えることです。多くは二人（夫と夫の母親）の仲が良くて、一人（妻）が外れている（外されている）ことから起こっている問題なのです。

三人のうち二人の仲が良くて一人が外れている場合、−《マイナス》の関係に気づいた人が、自ら−を＋《プラス》に転化する働きかけをしていくことが、仲の良い関係づくりのポイントになります。一人が変われば、ほかの人にも変化が起きるからです。

三角関係は「バランス理論」ともいわれますが、家族関係はもちろん、友達関係や職場の人間関係でも起こります。そのことを意識すると、人間関係の理解が一層進みますよ。

くもよみのみこと

人間身の内の飲み食い出入り、世界では水気《すいき》上げ下げの守護の理。

『「水気上げ下げ」とは、水の循環』とされており、その**『循環をもたらしているものは「ぬくみ」です』**とも記されています。

ここでは「循環」がキーワードになります。そもそも、人間関係は相互作用（相互関係）的なものです。一方通行ではなく双方向通行ですので、まさしく循環的な関係で成り立っているのです。ですから、人間関係上に起こるさまざまな出来事の理解には、実は循環的思考が不可欠となります。循環的思考は「円環的思考」とも言います。

循環的思考に対するのは直線的思考です。直線的思考というのは、「原因→結果」

という一方向的、一方通行的な考え方のことです。この考え方は、原因を探し出し、その原因を追究することによって、解決できるという考え方でもあります。原因でないものは、少なくとも解決には関係ないと考えるのです。

しかし、先ほども言ったように、人間関係は相互的な関係です。

たとえば、よくしゃべる妻と、おとなしい夫の場合を考えてみましょう。口うるさい妻とおとなしい夫は、二人でその関係（システム）をつくり上げているのです。パターン化し、循環的な関係を維持しているのです。

直線的思考では、「口うるさい妻が問題」と規定することになります。妻が悪者になり、妻のみ変わることが求められるのです。あるいは「おとなしい夫」が悪者であり、夫のみ変わることが求められるわけです。

循環的思考の場合は、悪循環を繰り返さないことが目標となります。妻の口数を減らすと同時に、夫の口数を増やすことも併せて考えるのです。実際には、二人が五分《ぶ》五分に話す、交代で話すといった課題を出したこともあります。

要は、循環的思考を基本に据えながら、悪循環（繰り返し）が起こっていないか、良い循環になるには、家族はどのように協力したらいいかを考え、実行に移すよう提案するわけです。

子どもへの対処は「直線的思考」より「循環的思考」で

子どもの新学期は、親にとって期待と不安の入り交じった複雑な心境を味わう時期です。

子どもたちは新しい出会いとともに、さまざまな体験をすることになります。親は子どもの成長した姿を見て喜ぶこともあれば、思いがけない行動に直面して戸惑うこともあるでしょう。

子どもの問題行動と思われる事態に対し、「友達が悪い」「母親の育て方が問題だ」「父親が子育てに無関心だから」といった親の言葉をよく聞きます。さらに、学校と親は、それぞれ「親が悪い」「学校が悪い」と責め合うこともたびたびです。

何か事が起きると、「原因は？」といった思考パターンが自動的に働いてしまいます。「原因→結果」という考え方であり、これも「直線的思考」です。科学的な物事（因果関係）は、この考え方で解決できることが多いからです。

しかし人間関係には、複雑な要素が入り交じっています。お互いが影響し合っている「相互関係（相互作用）」なのです。ということは、直線的思考だけでは、解決するのは困難です。

たとえば、母親の過保護な子育てと父親の無関心、一方的にしゃべる母親と口を閉ざす子ども、小言が多い妻と夜遅く帰宅する夫等々、そのような例が思い浮かんできます。

こうしたケースでは、一人の行為の結果が原因となり、事態がますますエスカレートするという悪循環が起きがちです。そこから抜け出すには、お互いが影響し合って関係をつくり上げていると考える循環的思考がヒントになります。循環的に考えると、原因と結果はあくまでも相互的・相対的なものとなり、変化のためのプランは少なくとも二つあることが分かってきます。相手が変わるか、自分が変わるか――です。でも、現実問題としては、相手を変えることは至難の業です。自分の思いを変える、自分の行動を少し変えてみることなら可能です。

もしも問題が起きたら、変化そのものに焦点を当ててみませんか? 循環的思考なら、違った見方ができますよ。

〈まとめ〉

一方的で原因追究的な「直線的思考」ではなく、お互いに影響し合っているという「循環的思考」を心がけることをお勧めします。

かしこねのみこと

人間身の内の息吹き分け、世界では風の守護の理。

『吹き分けとは、ものを言う、言葉を話すことです』とされ、**『言葉は言うまでもなく、われわれの心の表現であり、コミュニケーションの手段ですから、その使い方は非常に大きな意味をもっています』**と記されています。

言葉は伝達手段であり、人間にとって非常に大切な道具です。カウンセリングやおたすけの場面でも、もちろん言語的なコミュニケーションは重要です。

しかし援助の順序としては、それが一番先ではない、ということにも大きな意味があるのではないでしょうか。

コミュニケーションには、言語的コミュニケーションと非言語的コミュニケーションがあります。人間は非言語的コミュニケーションで多くのことを伝達したり、感じ取ったり、印象を持ったりしています。時には、相手の態度から誤解が生じたということもあります。

それだけに、非言語的コミュニケーションもおろそかにしてはならないのです。これまで紹介してきたかどめが達成されてこそ、言葉は生きてくると思います。

そのうえで、「声は肥《こえ》」「言葉一つがようぼくの力」といった教えを思案し、**『道の信仰者にとって、言葉づかいというものは非常に大切』**とされている「言葉の使い方」と、その背景にある人間性に磨きをかけたいものです。

三世代家族　安心して航海できますか？

「一緒に住んでいるご家族全員でお越しください」

面接におけるこのような働きかけは、三世代家族の場合も同様です。

当然、祖父母にもお会いすることになります。初めての面接は、いつもの通り、ご家族の紹介から始まります。

担当「どなたからでも結構ですので、ご家族の紹介をお願いします」

しばらく沈黙が続きます。突然、祖母が口を開きました。

祖母「節子《せっこ》と言います。七十一歳になりました。今日《きょう》はお世話になります」

母親「満七十歳ですよ！」（咎《とが》めるような口調）

父親「数えでは七十一歳」

母親「満七十歳です。こんなときは満で言うものです。七十歳！」

母親は自分の言ったことを引っ込める気配はありません。仕方なく、父親が紹介を続けます。

父親「父親の純一《じゅんいち》です。この名は私の父が付けました。父が亡くなって八年目になります」

母親「いいえ、丸十年です。亡くなる前は、義父母とは別々に暮らしていました。四人家族でした、四人家族。私たちがいまの家に引っ越して、一年足らずで父が亡くなりました。それで、おばあちゃんを引き取って、一緒に住むことになりました」

以下、母親が会話の中心となりました。父親や子どもの代弁をすることもあります。

しかし、にぎやかな母親が下を向いて静かになるときがありました。それは、祖母が話しているときです。祖母はしっかりとした口調で話をする人です。当然、母親が祖母の代弁をすることはありません。

家族のメンバーが増えるとコミュニケーションは複雑になります。しかし、家族の様子を丁寧《ていねい》に見ていると、家族の特徴が理解できます。

「家族のなかの決定（権）は誰にあるのだろう？」「各世代の境界（線）はどのようになっているのだろう？」「家族、特に横の世代のつながりはどうだろう？」と考えてみるのです。家族の人数が多ければ多いほど、このように考えてみることです。

この家族の場合はどうでしょうか？

決定権については、母親と祖母が競い合っているように見えます。祖母と母親を調整するといった点で、父親の役割は不十分なのかもしれません。あるいは両親（夫婦）のつながりやチームワークも弱いと言えるでしょう。

この家族を船に例えるならば、「船頭多くして船山に上る」でしょう。家族を仕切ったり、まとめたりするといった役割があいまいで混乱しています。また船長と機関士、乗組員のチームワークもバラバラです。これでは嵐（家族が遭遇する問題）に立ち向かったり、乗り越えたりすることは至難の業となります。もちろん、乗客（子ども）は安心して、居心地よく乗っていることはできません。次回以降の面接では、家族の課題に取り組むことになりました。

初めての出会いは、家族のいろいろな特徴を教えてくれます。

たいしよく天のみこと

出産の時、親と子の胎縁《たいえん》を切り、出直しの時、息を引きとる世話、世界では切ること一切の守護の理。

『たいしよく天のみことは「身の内守護の六台」には含まれません。従って人間身の内での、平常のご守護とは関《かか》わりが薄いということになりましょうか』と記されています。

そういった意味を踏まえると、援助者の基本的なかどめというよりは、家族理解のためのキーワードが示唆されていると考えます。

家族の歴史では、出産から始まって、物理的分離、心理的分離（別れや喪失）を繰り返します。まさに「再生のための節目」と言えるでしょう。分離は切ることであり、切ること一切の守護に関して**『これも一つの無くてはならない働き』**という指摘に通じていると思います。

また、**『生命のサイクル、循環』**とも指摘されています。

「生命のサイクル、循環」について気づかせてくれるのが「ジェノグラム（多世代関係図）」です。「ジェノグラム」については、第三章で詳しく紹介します。

をふとのべのみこと

出産の時、親の胎内《たいない》から子を引き出す世話、世界では引き出し一切の守護の理。

『「立毛《りゅうけ》万物引き出し」は、人を育てるというようなことにもつながってくる』と記されています。家族を育てることが、家族カウンセリング、ひいては家族のおたすけの最終目標となるのではないでしょうか。

いざなぎのみこと、いざなみのみこと

男雛型《ひながた》・種の理。女雛型・苗代《なわしろ》の理。

『いざなぎのみこと　いざなみのみことは、元初まりにおける夫婦の雛型であります』

これまで、家族援助に携わってきた経験から言えば、家族問題の解決は結局、夫婦（両親）の治まりに尽きると思います。家族への援助を実践してきた私にとっては、構造的な家族療法が、健康な家族関係をもたらすうえで大変参考になるものでした。

「パワー」「バウンダリー」「サブシステム」というキーワードで家族の理解について紹介してきましたが、要は、夫婦サブシステムがまとまれば、各世代間の境界線はおのずと確保され、また夫婦サブシステムがまとまって、大切な事柄の決定がなされれば、家族に問題が起こったとしても、やがては解決へと向かうのです。

父親復権――夫婦への宿題

三世代家族の場合、初回の面接から嫁姑《しゅうとめ》の微妙な関係が見え隠れすることがよくあります。そのような嫁姑関係の裏には、夫婦関係の不安定さが潜んでいます。

先に紹介した三世代家族（169～172ページ）にも、このような危《あや》うさが感じられました。そこで、各世代の様子を確かめるために、子ども、父母、祖母の三世代に分けて話し合ってみました。

子どもたちは親への注文などについて、楽しそうに語り合うことができます。祖母も面接者を相手にして、これまでの苦労話に花を咲かせました。問題は、父母の間のコミュニケーションです。母親が子どもの不登校のことについて一方的に話をします。一方、父親はうんざりした表情で「原因が分からない」という言葉を弱々しく繰り返すだけです。そればかりか、母親の勢いに押され気味で、小さくなっていきました。もちろん、二人の呼吸はまったく合いません。不登校の問題を抱えている息子は、心配そうに父母のほうへ視線を向けていました。

父母への提案は「週一回、夫婦だけで外出すること」です。

息子への提案は「夫婦の外出が実行されるように声を掛けること」としました。

また、家族への提案は「次回以降、面接室に置いている椅子《いす》のなかから、少し立派な椅子（『父親の椅子』と名づけました）を選び、用意すること」です。

早速、次回の面接では、母親が高校生の姉に指示して、父親の椅子を用意しました。しかし「夫婦の外出」は、父親の仕事や母親の用事などが重なり、半分しか実行できていません。「これまでの夫婦のパターンが、そんなに簡単に変わるはずはないなあ。すぐに変わるのを期待すること事態が、無理なのかなあ」という思いが頭のなかをよぎった時のことです。

「家のことは子どもに任せておいて、夫婦で出かけてもいいのに……。よその家ではしてはるよ！」と、姉は好意的な姿勢を示しました。

「若いころから仕事しか知らんしな……。でも、約束やから」と、椅子の影響もあるのか、父親の言葉には力が感じられます。何とか外出を実行するつもりのようです。

「どこか行ったら、しんどい、しんどいって言うし。一緒に出かけても面白くないし……」と、母親は二人で出かけようと思っているのかいないのか分からない口振りです。

「二人とも、楽しくやらんとボケるで……」という姉や息子の声に支えられて、とにかくもう一度、「夫婦で外出」にチャレンジすることが決まりました。

その後の面接では、父親の椅子を母親が用意するようになりました。

「毎回、面接の話題づくりのために、外出先を選ぶのも大変ですわ」と笑いながら、外出の報告が始まります。夫婦が顔を見合わせるという様子も、たびたび見られるようになりました。

「お父さんは子どもやお母さんの話題に合わせたり、冗談も通じたりするようになった。弟も気が楽になったのか、元気になって明るくなってきた」

「夫はいろいろと私の話を聞いて、あれこれ助けてくれるようになりました。おばあちゃんのことも、少し余裕を持って見ることができています」

「今日で、この椅子ともお別れです」

父親のひと言が、とてもさわやかに聞こえました。


子育て期間が終わり、子どもが自立していくと、再び夫婦だけの暮らしになります。

ライフサイクルのところで紹介しましたが、子育て前には夫婦だけの期間があります。一般に、その期間はそれほど長くはありません。
ところが、子どもたちが自立した後の「熟年」といわれる時代、仮に六十五歳以降とすると、平均寿命を考慮すれば、二十年近くは夫婦だけの暮らしになります。最後は、再び夫婦二人に戻るわけです。
そうした意味で現代は、子育てが終わってからの夫婦のあり方、向き合い方が問われているのです。

〈まとめ〉

一般に家族といえば、親子関係を軸に考えてしまいますが、家族の基本は、やはり夫婦なのです。

第3章 「ジェノグラム」——命のつながりの不思議さに気づき、いまを大切に！

ジェノグラム作成のすすめ

ジェノグラムとは、多世代（三世代以上）にわたる家族関係（システム）を表した図です。血のつながり（血縁の歴史）とともに、伝承される心理的関係も読み取ることができるツール（道具）です。

「多世代関係図」や「家族図」とか、「ファミリー・ツリー」と呼ぶことがあります。

一般的に、家系図は直系の家族を中心に作成しますが、ジェノグラムでは三世代以上にわたる家族を分かるだけ記入します。世代をさかのぼると広がっていきますので、「ファミリー・ツリー」という表現がぴったりだと思います。

このジェノグラムというツール（道具）は、家族療法を学ぶプロセスのなかで手に入れました。

ジェノグラム（ファミリー・ツリー）

家族について学び始めたころ、家族関係の表し方を教わりました。

男性は□、女性は○。夫婦は男女を横線でつなぐ。子どもはその横線から縦線を下ろし、□や○を書くというものです。

兄弟や祖父母など、できるだけ書くようにします。

あるとき、大きな紙にわが家の家族図を作成してみることにしました。母親や親《しん》戚《せき》などにも聞きながら、四世代くらい前までのメンバーについて書くことができました（195ページ参照）。普段、交流があるメンバーは細かい情報まで知っていますが、近い親戚でもほとんど交流のないメンバーは、基本的な情報すら知らないことに気づきました。

一番若い世代を下に書き、だんだんと上に広がっていく家族の図は「樹木」に似ています。まさしく「ファミリー・ツリー」そのものです。

わが家のファミリー・ツリーを見ながら、夫婦の出会いの不思議さと、命が脈々とつながれていることの不思議さを、あらためて強く感じました。横と縦の線のどこか一つでも欠けてしまうと、「いま」「ここ」に自分の命は存在しないのですから。

さらにまた、信仰によってたすけていただいた祖母がいなければ、その後のそれぞれの家族や、いまの私たちの家族も存在しなかったことでしょう。

夫婦となる親二人の出会いがあって、いまの自分があるのです。

夫婦には、それぞれの両親四人が存在しています。計算によると、十代さかのぼると千二十四人の先祖、十五代さかのぼると三万二千七百六十八人、二十代だと百万人を超えてしまうとか。

連綿と続く命の不思議さは、まさに奇跡と言えるものでしょう。いまの子どもたちにも、この不思議さを伝えたいですね。

わが家のファミリー・ツリーを見ていると、わが子からさらに次の世代へとつながっていく不思議な出会いに、喜びと感謝の思いが湧《わ》いてきます。

ぜひ、ファミリー・ツリーを作ってみてください。新しい発見がありますよ。

教会関係者や、家族のおたすけに携わる方に、ぜひ紹介したいと思ったのは次の三点です。

①おたすけ先の家族のジェノグラムを作成することで、家族理解が深まる。
②教会につながるようぼく・信者さんの各家族についてジェノグラムを作成する

ことで、教会の財産として引き継いでいける。

③教会家族はもちろんのこと、各家庭においても作成することで、信仰の伝承等に役立てることができる。

あらためて、記入の仕方、作成の仕方の基本（原則）を紹介します。

① 男性は□、女性は○が基本となります。死亡は□や○の中に×を書きます（あるいは、■または●を使用します）。

ある時点でのジェノグラムを作成する場合、年齢も記入するとしたら、□や○のなかに数字（年齢）を入れるか、または横に加えます。亡くなった年月日や年齢、その他、個人の特徴的な状態（仕事、病気等々）を加えることもできます。

② 夫婦は男性を左、女性を右に書くのが原則です。□○の下から縦線を下ろし、その縦線を横線でつなぎます。内縁関係の場合、横線を点線（破線）で書きます。

男性・女性、それぞれ離婚・再婚の例

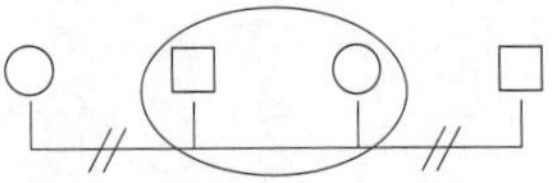

結婚(m)・別居(s)・離婚(d)の年が分かれば記入します。

④同胞関係：夫婦（男女）を結ぶ横線の下に、年齢の順に左から書きます。

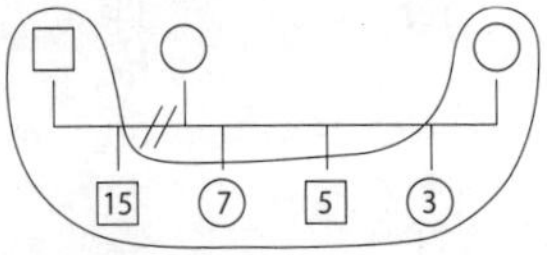

⑤養子：点線（＋実線）で表します。

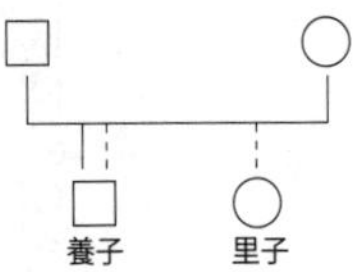

※実線と点線は養子（縁組）
※点線は里子（里親）

ジェノグラムの書き方（表記法）の基本

ジェノグラムとは、多世代（3世代以上）にわたる家族関係システムの構造図です。→「家族図」「ファミリー・ツリー」

①男性：□　女性：○　妊娠：△

※死亡：□や○の中に×を書きます（■または●の使用も）。

※年齢は□や○の中に入れるか、下に書きます。

生年、死亡年の記入例　1926：1987

②夫婦（男女）関係

男性「左」　女性「右」

婚姻　別居　離婚　離婚後復縁　内縁

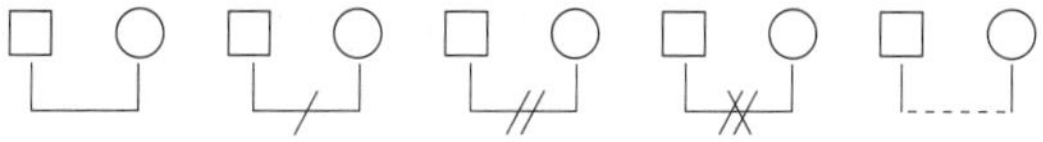

③離婚・再婚

※男女とも再婚の場合、男性「左」、女性「右」というようにいかない場合があります。

※同居しているメンバーは囲みます。

男性の離婚・再婚の例

女性の離婚・再婚の例

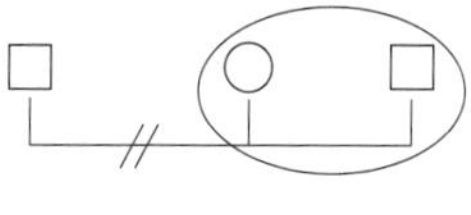

また、離婚の場合は、夫婦をつなぐ横線の上に、斜め二重線を加えます。別居は斜め一本線になります。離婚後、再婚した場合は、再婚相手を初婚相手の右横、もしくは左横に置き、横線でつなぎます。結婚（m）・別居（s）・離婚（d）の年月日が分かれば、夫婦をつなぐ横線の上に加えます。なお男女とも再婚の場合、男性「左」女性「右」というようにいかない場合があります。

③子ども（同胞関係）は、夫婦（男女）を結ぶ横線から縦線を下ろし、年齢の順に左から右へと置いていきます。子ども時代に養子縁組した場合は、実線と点線、里子として育てている場合は点線となります（前ページの「書き方の基本」参照）。

①男女、②夫婦、③子ども（親子）、それぞれの作成の仕方が基本になり、三世代以上の家族関係ができれば完成です。

教会関係の場合は、誰《だれ》から信仰が始まったとか、どのように伝わったのかという情報も加えていけばよいでしょう。

付　音楽との巡り合わせ

「平和へのいのり」

私たちが高校生の時代は学生運動が盛んでした。京都には多くの大学がありますが、通っていた高校の近くにもいくつかの大学がありました。そのような環境ですから、時にはなんとなく騒然とした雰囲気が漂っているなあというように感じることもありました。

当時の若者の音楽といえば、ギター片手に次から次へとステージへ登場する、いわゆるフォークソングの大流行期でした。ギター片手に歌う姿は格好良く見え、若者の多くがあこがれました。

高校二年生のころだったと記憶しています。当時の『さんさい』誌（天理教少年会本部発行）に「平和へのいのり」（上原ほうし作）と題して掲載された詩に惹《ひ》かれ、簡単なメロディーラインがすぐに浮かびました。そのころ楽譜を書けるようになっていたので、早速、譜面に起こしました。

当時、少年会本部の委員であった河村直治先生に直接楽譜を手渡したのか、それとも少年会本部へ郵送したのか、記憶は定かでありませんが、あらためて「平和へのいのり」と題して『さんさい』二四二号に曲が掲載されたのです。

「平和へのいのり」は、私にとって、「お道の歌」のデビュー作となりました。紙面上の出会いになりますが、上原ほうし先生との巡り合わせにも感謝です。

この曲は「おみちの歌シリーズⅣ（愛唱編）」（天理教道友社発行）のなかに入れていただきました。あらためて自分が作った曲を聴いてみると、四十年くらい前の自分を見るようで、不思議な感覚になります。

「おかあさんってすてきだな」

次ページの曲は、「こどもおぢばがえり」のおたのしみ行事として行われた「こどもミュージカル劇場」の「ピーターパン」のテーマ曲として、昭和五十年（一九七五年）に作曲したものです。

当時は、あくまでピーターパンのテーマ曲として作詞・作曲したのですが、あらためて考えてみると、歌詞で表現しているのは〝母なるもの〟のイメージです。

こうした音楽的な表現にも、家族カウンセリングにつながるようなエッセンスが含まれています。それは取りも直さず、お道の信仰的な感性に通じたものであると、あらためて気づいた次第です。

おかあさんってすてきだな

早樫一男・作

おかあさん　おかあさん　おかあさんって　すてきだな
いつでも　やさしく　迎えてくれる
マシュマロみたいに　やわらかく　ほんのり甘い　その香り
おかあさん　おかあさん　いつまでも　そばにいて
わたしの願いを　かなえてね
おかあさん　おかあさん　おかあさんって　すてきだな
いつでも　やさしく　迎えてくれる
お日さまみたいに　あたたかく　ふんわりソフトな　その笑顔
おかあさん　おかあさん　いつまでも　みまもって
わたしの心を　ささえてね
マシュマロみたいに　やわらかく　ほんのり甘い　その香り
おかあさん　おかあさん　いつまでも　そばにいて
わたしの願いを　かなえてね

第3部

ある家族の物語

第1章 「わが家族を振り返る」

はじめに

家族のことを学ぶなかで、私自身の家族について考える機会がたくさんありました。

家族療法では、育った家族のことを「原家族《げんかぞく》」といいます。「元家族」と表記することもあります。

ジェノグラムというツールを手に入れてからは、わが家のジェノグラムの作成に凝《こ》り、ますます「原家族」のことに関心が向いていったのです。

早樫家のジェノグラム

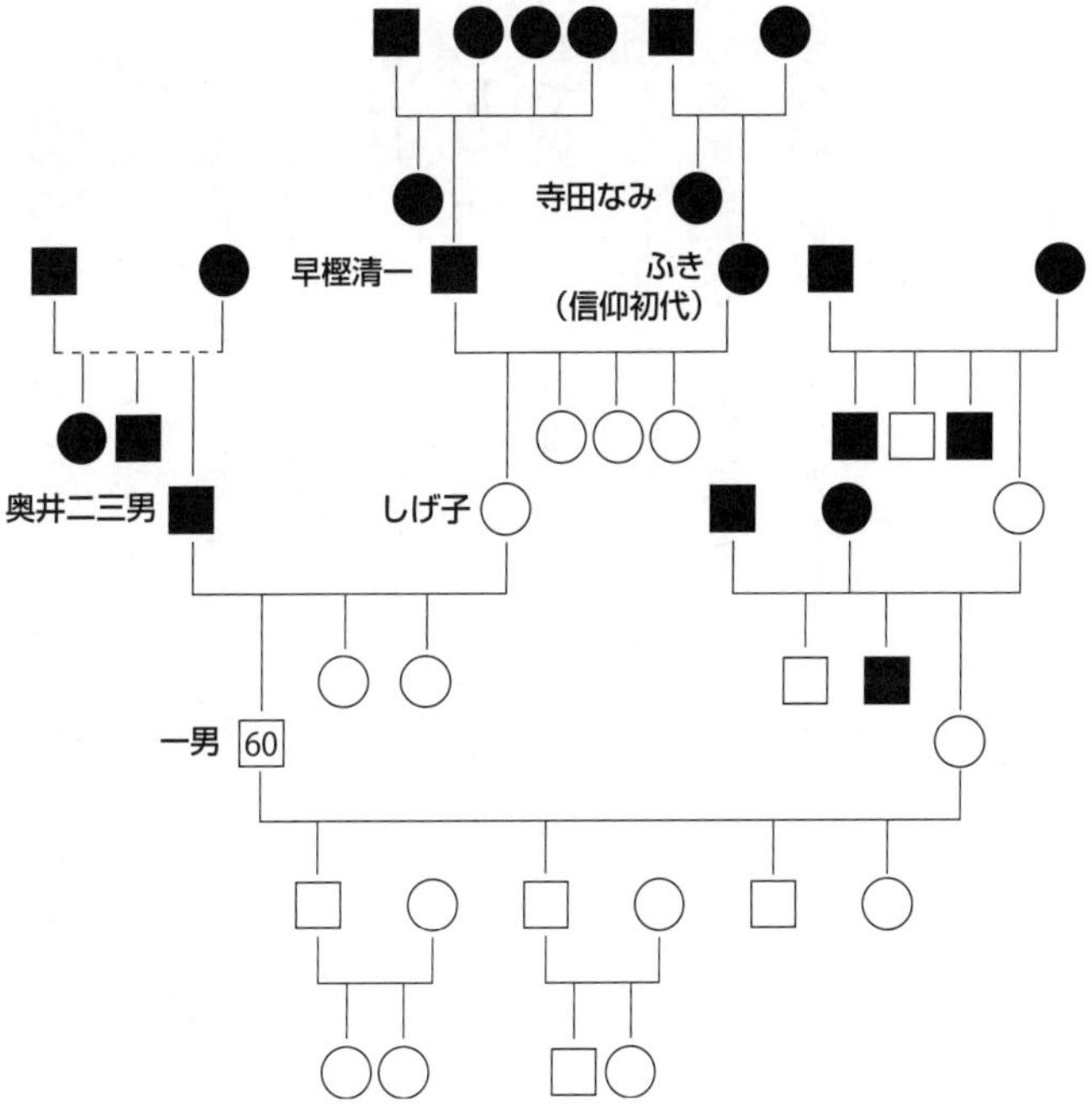
寺田なみ
早樫清一
ふき
（信仰初代）
奥井二三男
しげ子
一男
60

私の「原家族」は、「普通の家族」に「いろいろな出来事があった」というプラスアルファが付いていると思います。そして、自分の家族を客観的に見ることができるようになってからは、原家族におけるさまざまな経験が、現在の家族援助に少しは役立っているかもしれないと感じています。

この第三部では、私の母親（しげ子）が所属教会（彌榮《やさかえ》分教会）の神殿講話に立たせていただいた時の原稿（以下、『　』内の文章）を参考にしながら、私が育った家族と自分自身について振り返ってみることにします。

私の家族の物語について詳しく述べるのは僭越《せんえつ》ですが、この個人的な話を台として、家族というものの巡り合わせの不思議さとつながりの意味を再発見することによって、家族のおたすけの一助にしていただければ幸いです。

母方の家族のこと

『わが家は母・ふきからの信仰で、この道に入りました。ふきの生まれは、滋賀県草津《くさつ》市にある「深草家《ふかくさ》」でした。昔は小学校を出ると、よく奉公に出されていましたが、ふきも京都の熊野《くまの》神社前でお医者さんをしていた家へ奉公に出され、そこで七、八年勤めて、二十歳の時に父・早樫清一《はやかしせいいち》と結婚しました。

住まいは二条《にじょう》城の北側（京都市上京《かみぎょう》区竹屋《たけや》町《ちょう》通日暮《ひぐらし》西入）にあり、煙草《たばこ》屋をしながら、清一の父親（舅《しゅうと》）と清一は着物の下絵を描いていました。ふきは「夫の父親が大変気難しい人で、相当苦労した」とのことです。私（しげ子）を頭に、二つ、三つ違いで女の子四人が生まれましたが、かなり無理をして四女を産んでからは、心身ともに悪くなり、ノイローゼのような神経系の病気になりました。その当時は「血の道（神経衰弱）」と言っていたらしいです。ふきは奉公していたお医者さんのところへ通って薬を飲んでいました。しかし一向に良くならず、大変苦しんだそうです。あまりのつらさに「前（二条城）のお堀にはまって死のうと何度思ったかしれない」とのことでした。でも、四人の子どもの寝顔を見ると、それだけはできなかった、とよく聞かされました』

祖母・ふきの育った時代は、明治の後半から大正にかけてのころ。当時は、若くして見合い結婚をし、親と同居というのは普通のことだったようです。

長女である母・しげ子が生まれたころ、清一の父親は再婚しています。ふきから言えば、夫の清一、夫の父親、その父親の再婚相手といった複雑な家族関係のなかで、気苦労を重ねながら子育てをしていたようです。

また祖父・清一は、早くに実の母親との別離を経験しているわけで、清一に親子関係をベースにした課題があったことも想像されます。

当時の家族の多くは、嫁姑《しゅうとめ》をはじめとした家族関係の悩みを大なり小なり抱えていましたが、早樫の家族にも複雑な関係が存在していたようです。特にふきにとっては、嫁ぎ先の親との関係、夫との関係を一から結ぶなかで、ノイローゼのような神経系の病気へとつながっていったのかもしれません。

嫁姑関係の問題というのは、夫婦関係の問題でもあるのです。祖父母の時代に抱えていた家族関係の問題や悩みを思うとき、いま私の関心が家族の問題に向いていることに不思議さを感じます。

『そのようなときに、ふきは熱心にお道を信仰していた姉（寺田《てらだ》なみ）から、にをいを掛けられました。ふきは最初、頑として聞かなかったそうです。「お医者さんや薬で治らないものが、なんで信仰で治るんや。そんなアホなことはない！」と。でも、「だまされたと思って話を聞いてほしい」と、とても熱心に勧められるので、「このつらさが何とかなるなら……」と教会へ行ったのが、信仰の始まりでした。そうこうするなかで、「薄紙をはぐように」徐々にご守護を頂き、八十八歳まで長生きさせていただきました。「なみさんの熱心なにをいがけがなかったら、家族がどうなっていたか分かりません』

当時は「血の道（神経衰弱）」といわれたようですが、「自殺願望」もあったことを考え合わせると、祖母はおそらく「産後うつ」と呼ばれる状態だったように思われます。背景には、ふきの個人的な素因とともに、家族関係による大きなストレスがあったことが思慮されます。

「家族関係の問題」「うつ」のいずれをとっても、わが家のいんねんであるということを、あらためて痛感します。

私自身はいま、健康な心身を与えていただいていますが、「うつ」については少なからず深い関係があるということを踏まえ、これからのライフワークの一つとして取り組むテーマであると考えている昨今です。

さて、複雑な人間関係のなか、また、つらい身上のなか、信仰によってたすけていただいたありがたさと喜びは、感謝という言葉では表しきれないほど非常に大きなものがあります。

それをジェノグラムで見ると、より一層明らかになります。ジェノグラムは家族関係の歴史であるとともに、血のつながりの歴史でもあるからです。

もしも、姉の寺田なみから、にをいを掛けられなかったら……、ふきが自殺をしていたら……、清一や四人の子どものその後の人生は大きく変わっていったことでしょう。また、ふきのその後の人生によって、母・しげ子の人生も変わっていったかもしれませんし、父との出会いや結婚もなかったかもしれません。ということは、私の存在も含めて、わが家族の存在もあったかどうか分からないということなのです。

ジェノグラムを眺めるたびに、連綿とつながる命を与えていただいたことによって、「いま、ここ」に私が存在しているという不思議さと喜びを痛感するのです。不思議な力が働いているということに、感謝の気持ちでいっぱいです。

母のこと、父のこと

『私（しげ子）は昭和四年十二月二十五日生まれ。小学校を卒業後、商業女学校へ通い、二十二年春に卒業。就職係の先生の紹介で、京都市内のど真ん中にある火災保険会社に就職。当時は社交ダンスが流行《はや》っており、夜には社交ダンス教室へ通い、大変楽しかった思い出があります。会社生活にも慣れ、もっともっと勤めたかったものの、三年半で辞めることになりました。二十歳で結婚することになったからです。二十五年の十月二十五日、奥井二三男《おくいふみお》と結婚しました』

実は、戸籍上の婚姻（届け出）は昭和二十六年五月一日になっていることが、この原稿を書く機会に分かりました。当時、結婚と入籍のズレは、さほど大きな問題ではなかったのかもしれません。また両親は、婚姻届についてのこだわりがさほどなかったようです。後述しますが、それは父の出生に関する母の無頓着《むとんちゃく》さからも感じられます。

ところで、あるとき母に、「なぜ父と結婚したの？」と聞いたことがあります。「会長さんからの勧めだったので、断れなかった」というような答えでしたが、夫婦の出会いの不思議さを感じます。両親が結婚したからこそ、私という存在があるのであり、ここでもやはり、不思議な働きを感じずにはおれません。

『夫（奥井二三男）は大正十四年二月三日生まれ。三歳のときに父親（当時四十二歳）と死別。母親はその後、失踪《しっそう》したようです。当時、兄が五歳、姉が十二歳でした（上の兄四人は戦争や病気で死亡）。夫も含めた三人の兄弟はバラバラになり、自身はおばあさんに育てられたそうです。夫の思い出のなかには、親子・兄弟がそろって生活をした記憶がありません。当時の尋常小学校卒業後、十四、五歳のころ薬問屋に住み込みで就職しました。五十二歳で亡くなるまで、同じ会社で働いていました』

父の育った家族は「バラバラな家族」です。あるとき父の戸籍を確認することがありました。その際に発見したのは、父の父親と母親の姓が異なっているということでした。おそらく内縁関係だったと思われます。続柄には「男」となっています。何か事情があったのかもしれませんが、その点は分かりません。母に尋ねても、父の両親がそもそも内縁関係であったことすら知りませんでした。結婚した時点で父の父親は亡くなっていましたし、父の母親も事情があったようですから、あまり関心がなかったのかもしれません。

ところで父の名前は、誕生の日付（二月三日）から二三男と命名されたようです。幼児期に父親と死別、また、その後は母親と離別しているので、家庭的には恵まれなかったと思われます。

私にとっては、子煩悩《ぼんのう》な父というイメージが残っていますが、それは、父自身に、親子間の距離の取り方や父親のイメージがなかったことの反映かもしれません。「家」や「家族」を大切にしたいという気持ちは、人並み以上に強かったと思われますが、その気持ちの表現は、あまり上手《じょうず》ではありませんでした。父は父親モデル、夫婦モデルがないなかで、どのように親子関係・夫婦関係を築いていけばいいのか、苦労していたのかもしれません。

家族のなかでの呼び方

『戦後、夫（二三男）の母親が姿を現し、再会することになりました。夫は、私（しげ子）と結婚するまで、母親や姉家族と一緒に暮らしていたとのことです。結婚後、私たち二人は、夫の母親と姉家族が暮らしていた隣の家に住むことになりました。当時、夫は母親の往診代や薬代などにかかる高額な費用を負担していたのですが、そのことを喜べない私は、不平不満を募らせました。実家に戻っては不足を言っていたのです。そのとき、彌榮分教会の今井《いまい》サツ二代会長から「人間やから、誰《だれ》でも不平不満や不足を積むのは当たり前や。けどなあ、それをいつも胸にためておいたらあかんのや。それが、いんねんになるからなあ。ほこりと一緒で、ほうきで掃かなあかん、払い除かなあかんのやで」と聞かされました。思い直して家に帰るものの、母親や姉の言うことを聞く夫の姿を見るたびに、不足を積むということが繰り返されました』

私の父は、五十三歳になる直前に亡くなりました。私はおかげさまで、その年齢を超えることができました。

父の思い出といえば、お酒にまつわることが中心です。いまとなっては懐かしい気もしますが、幼いころは、ほとんど良い思いをしなかったものです。

父は酒に酔うと、「おかあちゃん、おかあちゃん」と口癖《くちぐせ》のように言っていました。

ところで、いろいろな家族に出会うようになって気がついたことがあります。当たり前のことかもしれませんが、呼び方にもそれぞれ家族の特徴があるということです。

新婚時代の夫婦だけのころ、配偶者をお互いにどのように呼んでいましたか？一般的には、子どもの誕生（前後）を機に、夫婦の間でも「おとうさん」「おかあさん」、あるいは「パパ」「ママ」に変わることが多いのではないでしょうか。夫婦という二者関係が、子どもを含めた三者関係になるといった構造的な変化が、呼び方の変化につながるのは自然なことでしょう。呼び方は「関係」を表しています。

しかし、子どもが生まれても、本来の夫婦関係が変わるわけではありません。夫婦間では、これまでと同じような呼び方をする場合もあるでしょう。一方で、子育てモードに入った途端、いつでもどこでも「おとうさん」「おかあさん」になってしまうことも、よくあります。「親役割」が中心になってしまっているのかもしれません。

子どもから親への呼び方についてはどうでしょうか。父親に対しては「おとうちゃん」「おとうさん」「パパ」「おやじ」とさまざまです。母親についても同様で、「おかあちゃん」「おかあさん」「ママ」「おふくろ」……。

さらに、子どもの成長に合わせて、親の呼び方が変わることもあります。子どもはいつから「おやじ」「おふくろ」と呼ぶようになるのでしょうか？

また、第三者がいるときや、第三者に対して使うときには、家庭内での呼び方と違うということもあります。

呼び方から家族や親子の距離間をイメージしてみることも面白いかもしれません。家族の成長に従って、家族お互いの関係や呼び方が変化するのは、ごく自然なことでしょう。そして、夫婦はもう一度、二人に戻ります。そのとき、お互いをどのように呼ぶのでしょうか？

呼び方は、その家族の文化です。それだけに、時には違和感を覚えることもあるかもしれませんが、家族関係を理解するエピソードの一つとして興味深いものがあります。

あらためて、先ほどの話に戻ります。

私は長い間、父の「おかあちゃん」という言葉は妻、つまり私の母を呼んでいるものと思っていました。しかし、父自身の母親のことも含んでいたかもしれないと気がついたのは、家族の勉強をするようになって、私自身の家族の元をたどるようになってからです。

父は三歳で父親と死別、幼いころに母親とも別れていますから、永遠に「母なるもの」を求めていたのかもしれません。

大きな節

『昭和二十六年五月二十三日、夫（二三男）が二階から外に落ちるという出来事がありました。脳しんとうを起こし、気を失った夫を目の前にして、私（しげ子）は一瞬「もうあかん、結婚してわずか半年で未亡人にならなあかんのか」と思いまし

た。なんという神様のお仕込みでしょう。常日ごろの自分の心の成人の至らなさ、喜べない毎日を振り返り、自分で自分を責め、呆然《ぼうぜん》とするのみでした。ちょうど、向かいの家に医者が下宿しており、すぐに駆けつけてくださいました。このまま静かに寝かせておかなあかんということで、言われるままにしておきますと、数時間後に気がつきホッとしました。大難を小難にたすけてくださり、頭はどうもなく、ただ鎖骨の骨折だけで済んだのです。つくづく神様のご守護に感謝しました。この大きな節を見せていただき、夫は初めて別席を運ぶことになりました』

この話を聞き、ジェノグラムを前にすると、命のつながりの不思議さをやはり実感します。人との出会いの不思議さも感じます。ここでも、私やその後の妹たちの誕生、家族としてのつながりといった面で、不思議な力が働いていることに感謝、感謝です。

祖母の世話と子どもの誕生

『昭和二十七年二月二十日に長男が生まれました。名前は夫（二三男）の母親が付けました。奥井一男（著者）の誕生です。夫の母親は結核が悪化し、入院を言い渡されましたが、それを拒否したため、二階で養生することになりました。私（しげ子）は義母の世話や介護、長男の子育てと、大変な毎日でした。義母の世話のため二階へ上がっている間、放っておかれた子どもはよく泣いていました。昭和二十八年十一月二十日に長女が誕生。産後、実家へ帰っていた十二月八日、義母は六十二歳で亡くなりました。二女は昭和三十年二月二十六日に誕生。昭和三十一年七月、子どもが四歳、二歳、一歳の時、私は修養科を志願しました。先に修養科を了《お》えた妹（四女）に勧められたのです。二十七歳の時でした。修養科修了後は、自転車で教会へ朝参りをしたり、乳母《うば》車に子どもを乗せて参拝したりしていました。また、二人の娘は日本舞踊を習い始めました。夫の会社も順調で、私にとっては一番充実した時期でした』

母が修養科に入った話から、父の運転する車が木津《きづ》川堤防を走っている記憶が蘇《よみがえ》ってきました。おそらく車に乗せられて親里へ面会に行ったときのことだと思います。父と一緒に遊んだ記憶は少なく、父は必ずといっていいほど、運転する車の横に私を乗せていました。父自身が父親に育てられた記憶がないため、子どもは可愛《かわい》いのですが、どのように接したらいいのか分からなかったのかもしれません。

第2章　「自分自身を振り返る」

第一章に引き続き、私の母親の講話を参考にしながら、私が育った家族と自分自身について振り返ってみます。

不安を補うのは親の変わらぬ思い

『妹三人は、それぞれ縁あって嫁いでいきました。ところが父（清一）は、とても生真面目《きまじめ》な性格でしたので、「早樫」の姓を継ぐ者がいなくなったことを大変気にしていました。「孫でいいから誰《だれ》か一人、早樫の姓を継いでほしい」という話が出てきたのです。それには、次のような背景がありました。煙草屋を営んでいた祖父は大金を儲《もう》けたらしく、父の姉に養子をもらって分家としましたが、父は本家が途絶えることを大変気にしていました。私（しげ子）を除く娘三人の結婚相手は、それぞれ長男でしたので、六男で末っ子である夫（二三男）のところに話が回ってきたのです。当時、幼稚園へ通っていた二女に「早樫の姓を継がせたら……」という話が出たのですが、「二女だけ早樫に変わるのはかわいそうだ、みんな変えよう」との夫の言葉により、家族全員が「早樫」の姓を継ぐことになりました。私が奥井になって十年でした。昭和三十五年七月十三日、私が元の早樫姓に戻り、夫が養子になったのです。父は大喜びするとともに、ホッとした様子でした』

親が離婚や再婚を繰り返している相談者に出会うと、「子どもの『姓』はどうなっているのだろう？」といつも気になります。

離婚した母親に引き取られた場合、母子ともに母親の旧姓に戻るのだろうと考えがちです。しかし、子どもの年齢や家族の置かれている状況によって、選択肢はさまざまです。たとえば、子どもが就学していたら「子どものことを考えて……」と離婚前の夫姓のままという選択もあるでしょう。母親だけが旧姓に戻るということもあるかもしれません。戸籍上は旧姓に戻るけれども、学校ではこれまで通りの呼び方という選択もあります。

再婚の場合、親の再婚相手やその子どもとの家族関係（お互いの呼び方・呼ばれ方）、住まい（転居）や学校（転校）に伴う地域での関係や友人関係など、さまざまな課題に否応《いやおう》なく向き合います。時間をかけて、一つひとつ克服していくことになります。また、離婚と再婚の経過のなかで、子どもは再び「姓」の問題に直面することになります。新しい姓（呼ばれ方）になじむことが、時には大きな課題となるのです。

私が、「姓」はどうなっているの？　と関心を示すのは、個人的な理由が深く関係しています。小学生のころ、父方姓から母方姓（早樫）へ変わったという経験があるからです。父が、四人姉妹の長女である母の実家へ養子に入ることを決めたのです。その日を境に、呼ばれ方が変わりました。それはとても不思議な感覚でした。「早樫」に慣れるまでには時間がかかりました。いままでとは違う何かが起こっているという感覚があったかもしれません。

「姓」の変更は、自己イメージ（アイデンティティー）や友達関係など多様な面に影響を及ぼします。子どもにとっては、これまでの自分が「切断」される節目と受け取るかもしれません。そんなとき、目に見える形の変化や不安定さを補うのは、わが子はかけがえのない存在であるという親の変わらぬ思いであり、親子の絆《きずな》の連続性ではないでしょうか。

最近、離婚家族や再婚家族に出会うことが多くなりました。では、子どもの「姓」はどうなっているのでしょう。考えさせられます。

三世代家族に……

『それまで父母（清一・ふき）とは別々に暮らしていましたが、あることをきっかけに同居することになりました。昭和三十八年です。二年後の四十年に再び引っ越しました。そこは、現在暮らしている京都市左京区です。父が定年後、家にいるようになってから、いろいろと揉《も》めるようになったのです。私（しげ子）は内職（織物関係の仕事で、当時は高収入でしたが、夫〈二三男〉が預かってきた仕事を夜中にこなし、朝、持っていくというパターン）に追われ、昼夜があいまいになる生活を続けていました。父は親として娘の体を心配し、時には細かく注意するのですが、私にとっては、親であってもしつこく言われると、うるさく感じるものです。それ以外のことでも、父は細かいことを言うようになったのです。もともと父は、頑固で融通のきかない性格です。早樫家のいんねんだと思います。母が舅《しゅうと》さんに苦労したことと同じです。私にとって清一は実の親だから、何を言われても後にはあまり残らなかったのですが、父は夫のことまで細かく言うようになったのです。私はだんだん頭にきて、黙っていられなくなり、「初めからの養子ではないのに。父がやいやい言うので、主人が親のことを思って早樫になってくれたのに……」と腹の虫が治まらず、父といくら言い争ったかしれません。しかし二代会長のお話を思い出し、「腹を立てたらあかん」と考え直し、「主人のほうがもっとつらいだろう」と思っては気持ちを治めました』

母方の祖父母と同居することになったのは、小学六年生の途中からです。三世代家族になったものの、中学以降の家族イメージはあまり良くありません。父の飲酒とそれに伴う両親の衝突、また母と祖父との衝突など、子どもの立場から家庭内の落ち着かない空気を感じ取っていたのでしょう。妹二人はどのように感じていたのか、あらためて話をしたことはありませんが、それぞれ何かを感じ取っていたことは間違いないと思います。

家族は不思議な縁で結ばれた関係

『夫（二三男）は血圧は高いし、肝臓や胃など内臓も悪く、薬ばかり飲んでいました。とにかく、酒が好きでやめられず、薬を飲みながらも酒は飲んでいました。昔は一升酒でした。だんだん量は減っていきましたが、休みの日は朝から飲むし、家に酒があれば、なくなるまで飲むので、酒を置いておかないようにしていました。しかし、もらったものをうっかりして忘れていると、とことん探して飲んでいました。料理に使うみりんまで飲む始末です。夫の酒飲みには大変苦労しました。夫の父は四十二歳で亡くなっていますが、同じような酒飲みで、これもいんねんでしょうか。でも、いったん仕事となると、鬼のように頑張りました。出直す数年前には、自ら何度か入院したことがありました。しかし、病院で落ち着いていることはなく、自分で入退院を繰り返していました』

父のお酒にまつわる記憶はいろいろあります。いまでは懐かしい思い出になっていますが、そのほとんどは、子ども心につらい出来事でした。

たとえば、繁華街で父が倒れたこと、近所の人とのトラブル、父が勤めていた会社の企画でスキーに連れていってもらったものの、帰りのバスのなかで酔いつぶれて送ってもらった（笑い話ですが、スキーがウイスキーになってしまった）苦い思い出等々、お酒さえ飲まなければとてもいい父なのですが、お酒を飲む（お酒に飲まれる）と、必ずと言っていいほど、父母のトラブルが発生していたからです。

ちなみに、「酒は飲んでもいいが飲まれるな！」が教訓になっています。

ところで、子どもにとっては、両親のトラブルや両親間で緊張が高まるのを見ていることほど、つらいことはありません。

元日の朝、家族揃《そろ》って新年の挨拶《あいさつ》をするという習わしが、中学生のころの印象的な出来事として記憶に残っています。なぜ印象的かといえば、普段、家族全員が顔を合わせて食事をする機会が少なかったからです。

中学生のころの家族構成は、母方の祖父母と両親、私と妹二人の七人でした。家族が一堂に会して食事をする機会として、夕食はとても貴重だと思うのですが、父と一緒に食事をしたという記憶はほとんどありません。お酒をこよなく愛した父は、仕事から帰宅後、まずは一杯。マイペースでもう一杯。そして食事時に、もう一杯。さらには寝る前に最後の一杯、というような毎日でした。夜の七時を過ぎて、夕食時間になったころ、父はすでに食事を済ませていて、独り夢のなかでした。それだけに、家族七人が揃《そろ》う元日の朝は、とても改まった気分でした。

家庭の様子はさまざまです。年齢や人数、家族としての発達段階によっても異なります。だから「家庭の姿とは、こうあるべきだ」と一律に決められるものではありません。とはいえ、家庭は子どもにとって、成長するうえでの大切な場所であり環境なのです。

「家」という空間が確保されていればいいというものではありません。また、衣食住が足りていればいいというものでもないでしょう。

一つ屋根の下で一緒に暮らすメンバーが、お互いを尊重し合い、心を通わすという心理的な交流がなければ、家族といえども、ただの同居人になってしまいます。

近年ますます家庭内での悲惨な事件が数多く報道され、「家庭崩壊」という言葉もよく耳にします。

夫婦・親子は不思議な巡り合わせによって、縁や絆《きずな》が結び合わされた関係です。新年のスタートは、まずは、その出会いの不思議さに感謝するとともに、「家族力結集」「家族再生」「家庭再構築」に向けて、新たな一歩を踏み出すけじめになればいいですね。

家族面接の訓練を受けているころのことです。目の前の夫婦の緊張が高まったときに、その場から逃げ出したい自分を発見しました。緊張感に耐えられないのです。

最初のころは、その場の雰囲気や話題を、面接担当者の私のほうから変えるということが度々ありました。

ある時、指導の先生から指摘され、夫婦の衝突にまつわるマイナス感情の再現が、面接の場でも表れるのだということを思い知らされました。

父の出直し

『昭和五十三年一月二十九日、所属教会の移転奉告祭を見ることなく、五十二歳で夫（二三男）は亡くなりました。その四日前のこと。帰宅した夫は先に入浴を済ませ、ホームこたつで夕食を取っていました。私（しげ子）が気がついた時には、あまりおかずもご飯も食べず、お酒だけ飲んで、ごろんと横になっていました。いつも冷や酒で四合ほど飲むのですが、この日はお酒も余っていました。「今日《きょう》はいつもと違うなあ、よほど疲れているのだなあ」と、それ以上は考えなかったのです。いつもなら二、三時間もすればトイレに起きるのに、夜の零時を過ぎても、まだ起きてきません。「なんだかおかしいなあ」と思い、起こそうとしても起きないのです。しかし、私の手をぐっと握りしめたのでした。眼《め》は閉じたままでした。家族はみんな寝ているし、なんだか心細くなり、しばらくすると主人は失禁していたのです。あとから考えると、苦しかったから手を握ったのかもしれません。すぐに着替えをさせて、家族を起こしました。その後、いびきをかくようになり、だんだんきつくなってきたので、かかりつけの医者に電話したのです。明け方の五時ごろでした。すぐに救急車を呼び、私と娘二人が一緒に乗って、病院へ搬送されました。診察の結果、脳内出血で、血圧が二二〇まで上がっていました。手術自体が困難で手の施しようがなく、意識が戻っても「遷延性意識障害」になると言われました。結局、四日間、意識不明のまま出直しました。夫は、自身の父親よりは十年長生きしましたが、若くしての出直しでした。「苦労ばかりして亡くなった」「何という神様のお仕込みだろう?」と、私は訳が分からなくなりました。しかし子ども三人は、これから結婚・独立ですし、両親も見ていかなければならないので、これからも頑張ろ

うと自分に言い聞かせて通ることにしました。ますます気が強くなったのはそれからです。神様のご守護なくしては通れないので、よく心かけなあかんなあと強く思い、通ることにしました』

父の病気・出直しは突然のことであり、涙を流している余裕はありませんでした。あっという間に告別式が過ぎました。

五十二歳という年齢を実際に経験してみると、本当に若かったのだなあということを実感しています。

しかし、父の父親と父自身の生きた年齢を考えると、実は大きなご守護のなかで生かされており、思い起こすたびに、感謝の気持ちで胸がいっぱいになります。

母は四十八歳で夫を亡くしたことになります。その後、さまざまな道を歩みながら、現在、八十歳を超えています。これまで苦労して通ってきた母にも感謝です。

第3章 「家族プラネタリウム」

私が生まれる前の家族、そして生まれてからの家族、さらには、結婚後の新しい家族、それぞれいろいろなことがありました。

問題のない家族というのは、あり得ないというのが私の持論の一つです。どの家族も大なり小なり、問題や悩み、あるいは予想もしなかった出来事に遭遇することがあります。遭遇した課題をうまく解決できるかどうかは家族によって異なります。

わが家族を振り返ってみると、必ずしもうまく解決できていたとは言えない時代があったようです。

しかし、それらのことも含めて、家族がつながってきたからこそ、いまに生き、暮らしているということに感謝です。

また個人的には、六十年近い人生のなかで、いろいろなことに出合ってきました。その一つひとつの出来事は事実ですので、記憶から消すことはできませんが、その出来事をマイナスに受け取るかプラスに受け取るかは、私自身の心次第です。子どものころは「嫌《いや》だった、苦しかった、つらかった」ことも、いまでは「懐かしい思い出」に変わっています。

私にとってはこれまでの経験が、出会う家族のさまざまな可能性について思いを巡らせることに大変役に立っています。

そういった意味でも、いろいろとあった家族に感謝です。

つながりには深い意味が

星空を眺めていると、大きな宇宙の広がりを感じます。でも都会では、夜空の美しさや素晴らしさといった感動を味わうことが少なくなりました。特に現代の子どもたちには、星空をゆっくり眺める余裕はないように思います。その代わりに、星空を眺める疑似体験ができるプラネタリウムがあります。たまには家族で行ってみてはいかがですか?

地球という星に生まれた私たちの祖先は、夜空を見上げながら、何を考えていたのでしょうか? 一つひとつの星に名前を付けたり、それぞれの星を線でつないで(つながれているように見立てて)星座と呼び、意味を持たせたりしたのは、人間の知恵にほかなりません。北斗七星、オリオン座、カシオペア座など、代表的な星座の名前は、誰《だれ》もが小学校時代に習い、記憶に残っていることでしょう。

　ところで人間は、いろいろな出来事に出合います。また、いろいろな人たちと巡り会います。そもそも、出来事や人との出会い自体が不思議なものです。そして、その出会いやつながりをどのように意味づけるかは、人によって異なります。夜空に輝く多くの星を眺めながら、「星座」として星と星をつなぎ、意味を持たせるのと同じように、人生におけるいろいろな出来事や人との出会いも、せっかくなら勇気や元気が出るように、プラスに意味づけをしたいものです。

　さらにまた、家族のありようも星や星座に例えることができるかもしれません。家族は、さまざまなつながりのなかで暮らしています。時の流れのなかでいろいろに変化する一方で、なんら変化の見えない部分もあります。そのつながりや関係に意味を持たせながら、喜んだり、悲しんだり、苦しんだりしているのです。

　遠くの星々をいろいろな形に見立てたり、物語を作ったりするのと同じように、人生の出来事や家族に対しても、さまざまな意味を持たせ、物語を作っているのです。そして、それを作っているのは、いまを生きている私たちなのです。

少しでも夢のある物語を作りませんか？　夜空の星を眺めていると、そのような思いが湧《わ》いてきました。

付　脚本づくりから学んだこと

「こどもミュージカル劇場」の脚本づくりの経験は、相談に来られる家族と出会っている際にも大変役に立っています。

そもそも、家族は家族というドラマを演じている、と言うことができるかもしれません。また、家庭のなかで、男性は夫、父親、子ども（親から見て）、祖父（孫から見て）、舅《しゅうと》（嫁から見て）などのさまざまな役割を担っていると考えてもいいと思います。女性も同様に、妻、母親、嫁（夫の両親から見て）、祖母（孫から見て）、姑（嫁から見て）などの役割を担っています。

その役割を果たさなかったり、機能できなかったりした場合、さまざまな家庭の問題が起こるわけです。そうした意味で、目の前にいるメンバーは、家族のなかでどのような役割を果たしているのかを考えることが大切なのです。

また、家族のコミュニケーションといった観点からは、具体的な言葉のやりとりを考えることも重要になってきます。脚本制作の過程では、あるひと言によって、ストーリーの流れや場面が変わってしまうということを何度か経験しました。具体的なやりとり（台詞《せりふ》）の重要性に着目することです。

さらに、誰《だれ》がどの場所に位置するのか、どのように動くのかといった位置や動線も、ドラマの展開には不可欠な要素です。実際の日常生活の場面においても、実は、家族の具体的な動きこそ、家族のコミュニケーションのあり方や家族そのものを理解する際に、非常に重要な要素なのです。

家族理解に脚本づくりの経験が生かされるということは、その当時は、まったく予想もできないことでした。
家族にとっては、日々の暮らしを通してドラマが展開するわけです。家族への援助は、家族メンバーそれぞれにとって良いストーリーとなることを目指しているといっても言いすぎではないかもしれません。

×××××××××××××××

苦しみに負けないで

早樫一男・作

苦しみに負けないで　悲しみを乗り越えて
青い空へ　青い空へ　大きくはばたこう
たとえ今は　つらくても　みんなの心を一つにすれば
明日は　しあわせ　やってくる

＊この歌は、昭和五十一年（一九七六年）に作ったものです。

×××××××××××××××

エピローグ　さまざまな巡り合わせに深く感謝！

この本に目を通していただいた読者の皆さま方との巡り合わせに、まずは感謝申し上げます。

さらに、これまでの人生で巡り会った多くの方々に御礼申し上げます。一人ひとりのお名前を記すことはできませんが、ありがとうございます。

高校時代に同じクラスになった上川裕之《かみかわひろゆき》さんと品川満理子《しながわまりこ》さん（旧姓）には、特に不思議な巡り合わせを感じています。

上川家は河原町《かわらまち》大教会部内の斯栄《しえい》分教会を預かっておられ、教会に出入りする人を温かく迎える、得もいわれぬ温《ぬく》もりがありました。品川家は東本《とうほん》大教会部内の本城《ほんしろ》分教会に所属し、京都銀閣寺「名代おめん」という、うどん料理のお店を営んでおられます。学生時代、アルバイトでお世話になったのですが、従業員さんの出入りが多いなかで、信仰をベースにした〝拡大家族〟としての温もりと絆《きずな》を強く感じました。学生時代、上川、品川の両家庭には、頻繁に出入りをさせていただきました。わが家の殺伐《さつばつ》さと比べて、家族の温かさを感じていたからだと思います。しかし、よくよく考えてみると、学生といった気軽さや若さゆえの奔放さから、いろいろとご迷惑をおかけしたことと思います。お恥ずかしい限りです。

そのようななかでも、広く大きな気持ちで育ててくださった上川ご家族、品川ご家族には、あらためて深く感謝いたしております。

本書の企画段階から形に仕上がるまでの長い年月、じっと我慢して見守ってくださった編集出版課の欅源三郎《けやきげんざぶろう》さん、同課主任の松本泰歳《まつもとやすとし》さんをはじめ、道友社の方々にもお礼を申し上げます。

前社長で現在は表統領の上田嘉太郎《うえだよしたろう》先生、現社長の諸井博和《もろいひろかず》先生、次長の高橋道一《たかはしみちかず》先生、編集出版課長の西浦忠一《にしうらただかず》先生との不思議な巡り合わせにも感謝です。

「お道の家族カウンセリング」としての未熟な私論の展開を許していただき、お礼申し上げます。お道のカウンセラーは「祈り」を忘れてはならないと思っています。お道のカウンセラーにしかできないことは「祈り」なのです。

父は五十二歳で出直しました。父の父は四十二歳で出直しています。私が出直しを意識したのは、四十歳を過ぎてからです。四十歳から五十歳までの間は、出直しということが、いつも心のどこかにありました。

この時期は、いつ何があっても不思議ではないと思いながら、生かされている不思議さに感謝することを忘れないようにしようと思って過ごしました。

そして、五十二歳という年齢が、いつのころからか一つの目標になっていました。おかげさまで数年前に、その歳《とし》を超すことができました。

五十二歳を超えると、「祖父母や両親のおかげ、信仰のおかげで命をつないでいただいている」「先々にいろいろな御用を与えられたら、そこまでは命をつないでいただける」と受け取り、できることは引き受けさせていただいています。

平成二十三年四月からは、大学で勤めることになりました。ここでも、不思議な巡り合わせがありました。三年と期限が定まっていますが、これまでの経験をまとめる時間を与えていただいています。ありがたいことです。

わが家のジェノグラムを眺めてみると、あらためて夫婦の縁、親子の縁、家族の縁が薄かったことを痛感します。

それだけに、これまで支えてくれたわが家族には、あらためて感謝です。

第三部は、プライベートな話で恐縮ですが、私の物語です。妻と四人の子どもには、それぞれの物語があったことと思います。そして、家族それぞれの物語をつないできたのが、祖母から始まった信仰なのかもしれません。

四人のわが子は、それぞれいろいろな出来事に出合いながら、結局のところ、私が父親として育つように支えてくれたのだと思います。ありがとう。

妻には最大の感謝です。四人の子育てはもとより、一時期は祖母の世話も重なり、多くの心労をかけました。子どもたちは私を父親として育ててくれましたが、妻は、私が夫として、父親として育つことを支えてくれました。わがままで頑固で、自分勝手な私を支えてくれています。本当にありがとう。

そして、妻の育った家族にも心から感謝です。

長男・二男の家族、三男、長女との親子としての巡り合わせ、妻との不思議な巡り合わせ、そして多くの人々との巡り合わせを下さった、親神様のお働きと教祖のお導きに深く感謝して、本書の幕を下ろしたいと思います。

これからも、不思議な巡り合わせがありますように……。

平成二十四年三月

さよなら友よ

早樫一男・作

さよなら（さよなら）友よ（友よ）
あなたに（あなたに）あえた（あえた）
よろこび（よろこび）胸に（胸に）
あふれて（あふれて）さよなら（さよなら）

さよなら（さよなら）友よ（友よ）
またあう（またあう）時まで（時まで）
楽しい（楽しい）思い出（思い出）
心に（心に）さよなら（さよなら）

さよなら

早樫一男（はやかし　かずお）
○ファミリーセラピスト　日本臨床心理士
○天理やまと文化会議委員　天理教彌生布教所長
○1952年２月　京都市生まれ　追手門学院大学文学部心理学科卒業
1977年５月　京都府職員（心理判定員）に採用　福知山、中央、宇治の各児童相談所に勤務
1998年６月　京都府知的障害者更生相談所所長補佐
2004年５月　京都府身体障害者更生相談所次長
2007年４月　京都府福知山児童相談所長
2009年４月　京都府立淇陽《きよう》学校長（児童自立支援施設長）
2010年５月　京都府宇治児童相談所長　2011年３月　退職
2011年４月より　同志社大学心理学部教授
○専門領域　福祉臨床心理学　家族臨床心理学
○所属学会
日本家族研究・家族療法学会　日本家族心理学会
日本描画研究・描画療法学会　対人援助学会　日本うつ病学会
○著書
「登校拒否と家族療法」（共著）ミネルヴァ書房　1991
「非行と家族療法」（共著）ミネルヴァ書房　1993
「父親と家族療法」（共著）ミネルヴァ書房　1995
「非行臨床の実践」（共著）金剛出版　1998
「知的発達障害の家族援助」（共著）金剛出版　2002
「親のココロ　子のキモチ――３人のセラピストからのメッセージ」（共著）　天理教道友社　2009

家族プラネタリウム　出会いとつながりのセラピー

2012年５月１日　初版第１刷発行

著　者　早　樫　一　男

発行所　天理教道友社
〠632-8686　奈良県天理市三島町271
電話　0743(62)5388
振替　00900-7-10367

TENRIKYO DOYUSHA

印刷所　株式会社天理時報社
〠632-0083　奈良県天理市稲葉町80

ISBN978-4-8073-0566-7
定価は表紙に表示